가족

부활이냐 몰락이냐

가족
부활이냐 몰락이냐

프랑크 쉬르마허 지음 | **장혜경** 옮김

나무생각

추 천 사

출산율 저하와 가족의 붕괴

인간은 참으로 이상한 동물이다. 자연계의 다른 모든 동물들은 번식을 못해 안달인데 인간은 종종 번식을 못하는 게 아니라 안 한다. 생물의 본분을 망각하는 동물인 셈이다. 최근 들어 이처럼 본분을 망각하는 동물들이 엄청나게 많아져 사회적인 문제를 일으키고 있다. 이민자들이 지속적으로 아이를 낳고 있어 고령화 과정을 밟고 있지 않은 유일한 선진국 미국을 제외하곤, 선진국들은 거의 모두 예외 없이 고령화 위기에 빠져 있다. 우리나라는 아직 선진국 대열에 미처 끼어들지도 못했는데 고령화의 속도는 전 세계에서 가장 빠른 나라가 되었다. 우리는 어쩌다 좋은 일이건 나쁜 일이건 일단 시작했다 하면 그저 빨리 빨리 해야 직성이 풀리는 것일까?

《가족, 부활이냐 몰락이냐》는 《고령 사회 2018, 다가올 미래에 대비하라》에 이어 우리말로 번역된 프랑크 쉬르마허의 두 번째 저서이다. 독일 유력 일간지의 발행인인 저자는 학자로서 그리고 저널리스트로서 이론과 경험 모두를 풍부하게 갖춘 전문가이다. 《고령 사회 2018, 다가올 미래에 대비하라》에서 저자는 고령화에 따른 노인 문제를 정치 · 경제 · 사회 · 문화 · 개인의 관점 전반에 걸쳐 문제점들을 지적하고 대책을 제시했다. 《가족, 부활이냐 몰락이냐》에서는 가족에 초점을 맞춘다. 그의 분석은 스스로 밝힌 대로 역사학적이라기보다 다분히 생물학적이다. 출산율의 저하가 가족 형태를 변화시킬 것이며, 궁극적으로는 가족의 붕괴를 초래할 수 있다는 섬뜩한 예측을 내놓는다.

가족의 붕괴? 상상하기조차 끔찍한 일이다. 가족은 우리 인류가 존재해온 역사 내내 우리 삶의 가장 기본적인 단위였다. 인류가 약 600만 년 전, 침팬지와 조상을 공유했다는 사실에 입각하여 판단해보면 우리는 그때부터 이미 가족 단위로 살고 있

FRANK
SCHIRRMACHER

었다. 침팬지도 우리도 여전히 가족 단위로 삶을 영위한다. 침
팬지는 아직도 몇몇 가족들이 한데 모여 사는 작은 '씨족' 단위
에, 간간히 외부로부터 낯선 침팬지가 이주해오는 형태의 사회
구조를 가지고 있다. 우리는 그런 단계를 오래전에 거쳤고, 그
후 부족 단위로 살다가 지금의 국가 형태를 갖추게 되었다. 그
렇다고 해서 가족이 해체되어 국가 사회를 이룬 것은 아니다.
이런 변화 속에서도 가족은 언제나 우리 인간 사회의 기본 단위
로 굳건히 살아남았다. 그런데 이 기조가 근본부터 흔들릴 수
있다는 말이다.

　이 모든 변화가 전례 없이 낮은 출산율에서 비롯된다. 우리
나라는 이 점에서 다른 어느 나라보다 심각한 상황에 놓여 있
다. 어느 부부나 아이를 둘만 낳으면 기본적으로 인구의 변화가
없다는 계산이 나온다. 그러나 태어난 아이들 중에는 결혼을 하

여 아이를 낳기 전에 사망하는 이들이 있기 때문에 실제로는 둘 보다 조금 더 낳아야 한다. 따라서 이른바 대체출산율은 약 2.1명쯤으로 계산한다. 우리나라의 대체출산율은 2002년에 1.17로 세계 최저 수준을 기록했다. 2003년에는 1.19로 조금 상승한 것처럼 보였으나 실제로는 상승한 것이 아니었다. 분모가 작아지면 값이 커진다. 가임 여성의 수가 줄어들어 출산율이 조금 크게 나타났을 뿐이다. 우리 정부는 이때 앞으로 적극적인 출산장려정책을 펴서 출산율을 점진적으로 끌어올리겠다는 포부를 밝혔다.

그러나 이는 말 그대로 포부였을 뿐, 구체적인 정책이 수반되지 않아 그 다음 해인 2004년에는 1.16으로 떨어지고 말았다. 부랴부랴 사뭇 야심찬 정책을 내놓았으나 그 엄청난 재원을 어떻게 마련할 것인지가 불분명한 상태에서 출산율 저하는 멈출

줄 모르고 있다. 드디어 2005년 출산율은 1.08로 전 세계 모든 국가들 중에서 최저를 기록했다. 홍콩이 우리나라보다 낮으나 홍콩은 국가가 아니므로 '최저 출산율 국가'라는 훈장은 여전히 유효해 보인다. 정부의 보다 현실적이고 적극적인 노력이 없으면 대체출산율이 1 미만으로 떨어질 날도 그리 머지않아 보인다.

저자가 들려주는 '돈너 계곡의 비극'과 '영국 섬머랜드 호텔의 화재 사건'은 우리 모두의 을씨년스러운 미래를 보는 것 같아 가슴이 서늘해진다. 두 사건 모두에서 가족의 힘은 실로 위대하다는 너무도 당연한 진리를 다시금 깨닫는다. 돈너 계곡에서는 죽음이 서서히 목을 조였다면, 섬머랜드에서는 그야말로 촌음을 다투는 상황이었다. 두 사건의 상황은 더할 수 없이 달랐지만 결과는 마찬가지였다. '피는 물보다 진하다.'라는 우리 속담은 이처럼 위급한 상황에서 그 진가를 발휘한다. 평상시에 가족은 오히려 불행을 가져오는 존재일 수 있다. 비슷한 사람들이 비슷한 욕구를 갖고 있는 상황에서 경쟁은 언제나 더욱 치열할 수밖에 없다. 그러나 상황이 어려워지면 경쟁은 온데간데없이 사라지고 따뜻한 사랑이 솟아난다. 이것이 바로 유전자의 참모습이다.

　부양해야 할, 지켜야 할 가족이 있다는 현실이 오히려 수명을 연장해주고 생존 확률을 올려준다는 것은 언뜻 이해가 가질 않는다. 홀가분하게 혼자인 사람이 시간이나 에너지를 덜 낭비할 것 같은데 결과는 상식을 뒤엎는다. 이 같은 현상은 다른 영장류 사회에서 극명하게 나타난다. 외톨박이는 실제로 다른 개체들로부터 공격도 더 자주 받을 뿐더러, 자원도 충분히 확보하지 못한다. 따라서 외톨박이가 대체로 더 일찍 죽는다.

저자도 지적한 대로 가족 내에서도 여자가 남자보다 더 오래 산다. 여성의 평균 수명이 남성의 그것보다 7~8년 정도 더 긴 것은, 거의 모든 문화권에 고르게 나타난다. 물과 식량이 떨어진 상황에서도 여자가 남자보다 오래 버틴다. 상처했거나 이혼을 당한 남자가 부인과 함께 사는 남자보다 일찍 죽는다. 통계를 잡아본 대부분의 나라에서 여성의 경우에는 큰 차이가 없는 것으로 나타난다. 다만 몇 년 전에 나온 우리나라 통계에 따르면, 우리나라 여성들은 혼자가 된 다음 오히려 남편과 함께 사는 여성들보다 수명이 긴 것으로 조사되었다. 남편이 사망 요인의 하나일 수 있다는 슬픈 가능성을 제시한 조사였다.

그런데 저자에 따르면 이제 머지않아 우리 아이들은 기댈 수 있는 가족이 없어질 것이란다. 불과 두 세대 내로 우리 아이들의 절반은 형제나 사촌이 없는 상태에서 자랄 것이라는 통계가

MINIMUM

나와 있다. 이미 우리나라에는 이런 현상이 벌어지고 있다고 해도 과언이 아닐 것이다. 저자는 우리 사회가 어쩔 수 없이 새로운 형태의 공동체를 구성할 수밖에 없다고 주장한다. 혈연 관계로 묶여 있는 사람들이 아니라 여러 단계의 계약 관계로 얽혀 있는 사람들로 구성된 집단에서 공동의 선을 이끌어내야 한다. 저출산-고령화 사회가 될수록 더더욱 동맹자가 필요하다. 저자는 신뢰, 무욕, 이타심, 단결심은 더 이상 미사여구가 아니라 열망하는, 심지어 돈과 대출로 환금화할 수 있는 가치가 될 것이라고 예언하고 있다. 상실의 시대에서 가족은 자산의 가치를 지닌다.

남의 책에 추천사를 쓰면서 자기 책 얘기를 하는 것은 어딘지 경박스러워 보인다. 그러나 이 책에는 필요할 수도 있을 것 같다. 나는 지난 몇 년 간 이 책의 주제와 관련이 있는 두 권의

책을 썼다. 《여성시대에는 남자도 화장을 한다》에서는 우리 사회가 필연적으로 여성 시대를 맞이할 수밖에 없는 조건들을 검토했고, 《당신의 인생을 이모작하라》에서는 전례 없이 빠른 속도로 진행되고 있는 우리나라 고령화의 현실을 경고하고 대책 마련을 호소했다. 그러면서 늘 나는 이 두 주제를 한데 통합하여 보다 포괄적인 대안을 제시해야 한다는 필요성을 느끼고 있었다.

《가족, 부활이냐 몰락이냐》는 내가 구상하던 바로 그 시도를 본격적으로 펼친 책이다. 확실한 정책 제안을 제시한 것은 아니지만, 지금 우리가 목격하고 있는 이 엄청난 사회 변화의 원인을 분석하고 미래를 예견해주는 책이다. 프랑크 쉬르마허는 이런 시도를 할 수 있는 몇 안 되는 전문가이다. 지금 이 순간을 사는 대부분의 사람들은 모두 쉬르마허가 예측하는 사회에서

MINIMUM

살게 될 만큼 충분히 오래 살 것이다. 지금까지 살면서 얻은 경험의 관성만으로는 살아내기 어려운 시대가 다가오고 있다. 그만큼 확실하게 다른 세상이 열리고 있기 때문이다. 알아야 준비할 수 있다. 쉬르마허의 혜안에 귀를 기울일 필요가 있다.

최재천(이화여자대학교 생명과학과 교수)

차 례

남 자 들

살을 에는 듯한 추위다. 아무리 둘러봐도
눈에 들어오는 것은 새하얀 눈뿐이다. 하늘
위에서 바라본다면 컴퍼스로 여섯 개의 원
만 그려놓았을 뿐 온통 새하얗다.

살을 에는 듯한 추위다. 아무리 둘러봐도 눈에 들어오는 것
은 새하얀 눈뿐이다. 하늘 위에서 바라본다면 컴퍼스로 여섯 개
의 원만 그려놓았을 뿐 온통 새하얗다. 이 원들은 이곳에 발이
묶인 사람들이 궁여지책으로 설치한 야영지다. 총 인원 수 81
명. 대가족이 여럿이고, 혼자 여행하는 사람 몇 명, 이 지역 지
리에 밝아서 일행을 이끌고 시에라 네바다를 지날 예정이었던
안내인이 몇 명이다.

때는 1846년 11월 말, 이들은 얼어붙은 듯 산발치에서 꼼짝
도 못하고 있다. 월동 장비도 갖추지 못한 데다가, 눈 때문에 앞
으로 나갈 수도 뒤로 되돌아갈 수도 없는 상황이다. 토네이도로

세력을 키운 눈 폭풍은 거의 하루도 쉬지 않고 몰아쳐 이들을 뒤덮었다.

그들이 도착하기를 기다리고 있던 산 너머에서 구조대를 보냈지만, 구조대도 산을 넘지 못하고 발길을 돌릴 수밖에 없었다. 그들이 얼마나 많은 가축을 잃었는지 몰랐기에 넉 달은 버틸 수 있을 것이라고 막연히 생각하고 있었다.

상황은 암담했다. 몇 주일이 지나고 12월이 되자 길을 뚫어보겠다고 선발대가 나섰지만 다시는 돌아오지 않았다.

마거릿 리드라는 여성은 허기와 추위를 참다못해 눈 덮인 산을 걸어서 넘어보겠다는 결심을 했다. 13살짜리 딸 버지니아와 하녀, 그리고 안내인을 대동하고 그녀가 길을 나섰다. 버지니아 외에 나머지 세 자녀는 다른 가족에게 맡겼다. 하지만 더 격렬해진 폭풍 때문에 몇 킬로미터도 가지 못하고 되돌아오고 말았다.

마치 동화 속으로 들어온 것 같았다. 아무도 풀지 못하는 끔찍한 마법에 걸린 듯했다. 마법의 6개월은 얼음 황무지에 갇혀 있는 그들을 하나로 묶어주었고, 하루하루가 지날수록 생존에 꼭 필요한 절대적 미니멈으로 그들을 몰아댔다.

그들 사이에서 일어났던 일들은 몸서리쳐지는 이야기들이다. 살인에 이르기까지 인간의 범죄가 빠지지 않았지만, 인간의 위대함을 보여주는 죽음을 넘어선 희생적 사랑도 있었다.[1]

가 족

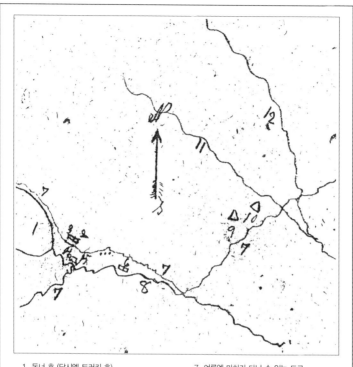

1. 돈너 호 (당시엔 트러키 호)
2. 브렌 네 오두막
3. 케제베르크의 오두막
4. 큰 바위
5. 큰 바위 아래 머피와 에디 네 오두막
6. 그레이브스 네 거처, 다른 가족들과 독신들이
   들어 있던 별채

7. 여름엔 마차가 다닐 수 있는 도로
8. 트러키 강의 지류 (현재는 돈너 크리크)
9. 돈너 네 천막 중 하나
10. 돈너 네 천막
11. 앨더 크리크
12. 프로서 크리크

돈너 계곡에 갇혔던 가족들의 거처를 표시한 지도. 윌리엄 그레이브스가 C. F. 맥글래스
핸을 위해 그렸다.[2]

  그들의 운명은 돈너 계곡에서 벌어진 비극으로 미국인의 기
억에 깊이 아로새겨져 있다.

그들은 희망에 들떠 길을 나섰다. 대부분이 독일과 오스트리아 출신으로 제법 재산도 있었다. 대열의 선두를 맡아 이 사건에 이름을 제공한 제이콥 돈너와 조지 돈너 형제도 돈 많은 농장주였다. 우마차와 포장마차에는 몸과 마음을 채워줄 양식이 잔뜩 실려 있었다. 성경책과 찬송가, 그리고 지평선 너머 머나먼 캘리포니아에 대한 환상과 꿈도⋯⋯.

'나는 지금 풀밭에 앉아 있어. 우리는 떠나기로 결심했어. 아이들한테도 그 편이 훨씬 좋을 테니까. 내일이면 캘리포니아로, 프란시스코만으로 떠날 거야. 넉 달 정도 걸릴 예정이야. 마차 3대에 식량과 옷, 이런저런 물건을 가득 실어두었어.'[3]

45세의 톰슨 돈너는 출발 전날 언니에게 이런 내용의 편지를 보냈다. 그녀는 교사였다. 여행을 하면서 열심히 메모를 했는데, 나중에 서부 황야의 다양한 식물 종에 관한 책을 쓸 계획이었다. 하지만 그녀의 노트는 발견되지 않았다. 훗날 일행들의 증언에 의하면, 다양한 식물 종을 기록했던 그녀의 글은 얼마 안 가 궁지에 몰린 다양한 인간 종의 관찰 기록으로 변해버렸다고 한다.

당신은 이들 그룹을 모험가나 노다지꾼으로 상상하면 안 된다. 그들 중 상당수가 새 인생을 찾겠다고 나선 시민계층과 상인들이었다. 버지니아 리드의 증언에 의하면, 부모님의 마차에

가 족

는 엄청난 양의 가재도구와 식량, 그리고 도서관 한 채를 지어도 될 만한 양의 세계문학 작품이 실려 있었다고 한다.[4]

하지만 책 이야기를 입에 올린 지는 이미 오래되었다. 그러기에는 너무 지쳐 있었던 것이다. 이들은 계곡에 갇히기 전부터 입이 딱 벌어질 정도의 높은 산과 깊은 골짜기들을 지나왔으며, 지난 여름에는 소금호수를 건너야 했다. 더위로 굳은 결심이 녹아내리면서 그들 사이에 불신이 꿈틀거렸다. 그들은 지름길을 택했으나 그곳은 마차가 거의 다닐 수 없는 길이었다. 공포가 밀려들었다. 첫눈이 내리기 전에 고개에 도착해야 했기 때문이다.

1846년 10월 6일, 스트레스로 인한 폭력이 첫 희생자를 낳았다. 존 스나이더라는 이름의 청년이 칼에 찔려 죽은 것이다. 베스트팔렌에서 온 이민자 루드비히 케제베르크가 살인자를 사형할 것을 주장했지만 사람들은 그를 추방시켰다.

10월 9일, 공포에 쫓긴 혼란의 시기가 시작되었다. 루드비히 케제베르크가 다툼 끝에 예순에 가까운 벨기에 출신의 노인 하드코프를 마차에서 밀어버렸던 것이다. 그런데 아무도 노인을 받아주지 않았다. 노인은 자꾸만 뒤쳐졌다. 그러다 결국 길가에 털썩 주저앉더니 일어나지 못했다. 모든 사람들이 노인의 마지막 모습을 본 것은 아니었다. 저녁 무렵이 되어서야 그 사실을 알게 된 몇몇 사람들이 노인이 일행을 찾아올 수 있도록 불을 지폈으나 노인의 행방은 묘연했다.

다음날 리드 부인이 노인을 찾아보겠다며 사람들에게 말을 빌려달라고 부탁했지만, 모두들 자기가 살려면 말이 필요하다는 이유로 거절했다. 시간이 없었다. 겨울이 오기 전에 고개를 넘어야 했다. 눈 폭풍은 아무런 예고 없이, 그리고 인정사정없이 불어닥친다는 사실을 모두들 알고 있었기 때문이다.

80명이 채 안 되는 일행은 계속해서 전진했다. 문학 작품이나 식물 연구 따위에는 신경 쓸 겨를이 없었다.

눈이 내리기 시작했다. 마을에서 멀찌감치 떨어진 시에라 네바다에서 그들은 눈 폭풍을 만나 고립되었다. 하루만 더 빨리 서둘렀어도 고개를 넘을 수 있었을 것이라며 모두들 아쉬워했다. 그들은 오로지 자기 자신에게, 그리고 서로에게 의지할 수밖에 없는 상황이었다.

그들은 어떤 사람들인가? 노인과 청년들이었다. 할아버지, 할머니와 손자였고, 엄마, 아빠, 자식이었으며, 삼촌, 숙모, 사촌이었다. 혼자 온 남자들도 15명이나 되었다. 그들의 나이는 20세에서 40세 사이였고, 건장하고 자신감 넘쳤으며 서부 황야의 위험에 익숙했다. 그들 중에는 모험가나 노다지꾼이 섞여 있을 수도 있다. 하지만 작은 나무 인형이 불에 탈까봐 마지막까지 옷 속에 숨겨두었던 8살짜리 여자아이도 끼여 있었다. 65세의 조지 돈너와 그의 아내 톰슨도 있었다. 그녀는 사건이 진행되면서 영웅이라 부를 만큼 중요한 역할을 했다. 인간이란 죽음을 뛰어넘어 타인에게 헌신할 수 있다는 것을 그녀가 보여준 것이다.

촌수, 연령, 성별, 신분, 성격을 살펴보면 이들은 인간이 상상할 수 있는 거의 모든 사회적 관계와 친족 관계로 얽혀 있었다. 눈 덮인 땅과 원으로 표시한 야영지밖에 보이지 않는 높은 곳에서 이들을 지켜본다면, 그 전체는 한 사회의 마이크로 칩 같은 인상을 준다.

소설은 역할 놀이다. 돈너 계곡에서도 그런 역할 놀이가 진행되었다. 눈 속에 갇혀 꼼짝할 수 없자 따분해 죽을 것 같았던 버지니아 리드는 가지고 온 책들을 읽고 또 읽었다. 하지만 곧 이 책들은 모조리 불쏘시개가 되었고, 마지막으로 남은 건 소설한 권뿐이었다. 그녀는 소설 속 등장인물의 역할을 맡은 사람처럼 소설을 재연했다. 강하고 자신감 넘치는 영웅이 황야에서 살아남는다는, 일종의 로빈슨 크루소식 소설이었다.[5]

역할 놀이를 한번 해보자. 역할 놀이에 참여하면 간접 체험을 할 수 있을 뿐만 아니라, 일종의 운명 확률론을 정립할 수도 있다. 놀이에 참여할 인물은 자의식이 넘치는, 닮고 싶은 영웅들로 선별한다. 돈너 계곡의 추위와 허기쯤 끄떡도 하지 않고 견딜 수 있을 것 같은 믿음이 가는 인물로 고르되, 신중을 기해야 한다. 사건이 종료되면 40명은 죽게 될 테니까 말이다.

그곳에서 살아남으려면 어떻게 해야 할까? 아니, 조금 욕심을 줄여 최대한 오래 생명을 유지하려면 어떻게 해야 할까? 한 공동체[6]에서 누구를 신뢰할 수 있을까? 그리고 그 사람은 어떤 사람이어야 할까?

돈너 계곡의 운명 공동체는 이 모든 의문을 해결할 수 있는 정보를 제공한다.

많은 학자들이 시에라 네바다의 비극을 연구했다. 기록을 평가하고 족보를 연구하고 심지어 발굴까지 했다. 하지만 단 한 사람, 인류학자 도널드 그레이슨(Donald Grayson)만이 우리 역할 놀이의 근간이 되는 질문을 던졌다.[7] 그때까지 어느 누구도 그런 질문을 던진 사람은 없었다. 아마도 질문에 대한 대답이 있을 것이라고 생각하지 못했기 때문이었을 것이다. 도널드 그레이슨이 물었다.

"이런 끔찍한 경험을 역사가 아니라 생물학적 과정으로 해석하면 무엇을 알 수 있을까?"

누가 살아남을까? 사람들은 대부분 딸린 식구 없이 혼자 온 15명의 건장한 남자들을 지목할 것이다.

가 족

영웅! 전통적 레퍼토리에 따르면 영웅은 항상 고독한 전사의 모습으로 등장한다. 우리의 교육과 인습은 혈혈단신의 전사가 위기를 가장 잘 극복할 수 있을 것이라는 고정관념을 심어주었다. 160년 전에 눈 폭풍을 만나 길을 잃었건, 오늘날 산속에서 차가 고장이 났건 관계없다. 무엇보다 혈혈단신이라는 사실이 그의 강점으로 비쳐진다. 타인에 대한 책임은 분명 그를 약하게 만들 것이기 때문이다. 언젠가 그 영웅은 젊은 여자를 만나게 될 것이고, 그녀와 함께 인생을 헤쳐 나갈 것이다. 당연히 그들의 인생은 성공할 것이다. 그것이 이상적인 영웅상이다. 버지니아 리드의 마지막 남은 소설에서도 그랬듯이 영웅은 운명의 지배자이며, 어린 소녀들의 감탄을 자아내는 실력자이다.

하지만 돈너 계곡의 사건은 전혀 다른 방향으로 진행되었다. 일행이 눈 폭풍을 만나기 전부터 이미 4명의 기대주들이 목숨을 잃었다. 25살의 루크 핼로란은 결핵에 걸려 죽었고, 같은 나이의 존 스나이더는 칼에 찔려 죽었으며, 야콥 볼핑거는 살해당했다. 윌리엄 파이크는 형이 실수로 쏜 총에 맞아 죽었다. 그리고 마지막으로 예순 살의 하드코프는 추방당한 자의 역할을 맡아야 했다.

그러니까 진짜 재앙이 시작되기도 전에 남자들 사이에서는 이미 일종의 '죽음의 춤'이 시작된 셈이다. 그레이슨은 이 사실에 놀라워하는 사람들이 더 놀랍다고 했다. 실제 우리 주위의 전도유망한 수많은 젊은이들이 그렇게 죽음을 맞고 있고, 나이가 든 남자들도, 아니 도대체가 남자들이란 모조리 그렇게 죽고 있으니 말이다. 남자들은 여자들보다 훨씬 일찍 죽는다. 수십만 년의 진화를 거치는 동안 남자들은 살인과 자살, 교통사고, 그리고 유전적 요인과 약한 저항력 등의 이유로 비자연적인 죽음을 맞았다. 돈너 계곡의 첫 희생자 5명 역시 바로 이런 이유로 목숨을 잃었다. "5건의 사망 사건은 모두 남성에게 일어났다. 전염병, 공격, 폭력 같은 전형적인 남성적 방식으로 목숨을 잃었다."[8]

일상생활에서도 마찬가지지만, 이 역할 놀이에서 딸린 식구 없는 건장한 독신 남성을 믿는 것은 잘못된 판단일 가능성이 높다. 나아가 우리 자신이 이런 고독한 전사라면 결과는 더욱 치명적일 듯하다. 그 이유는 힘과 영광의 상징인 15명의 독신 남성들 중 돈너 계곡에서 살아남은 사람은 단 3명뿐이기 때문이다. 지칠 때까지 장작을 패거나, 추위를 무릅쓰고 사냥을 하고 낚시를 하다가 사망한 사람들도 있다. 하지만 건강이 좋지 않았던 다른 남성들은 살아남았으므로 신체적인 건강이 설득력 있는 이유가 되지 않는다. 그렇다면 연로한 남성들이 젊은이들보다 훨씬 오래 버틸 수 있었던 이유는 무엇이었을까?

그레이슨은 사망 사건을 모두 조사하고 사망자와 생존자를 비교·분석한 결과, 생존할 수 있었던 결정적인 조건을 찾아냈다. 그것은 바로 가족이었다. 가족과 함께 있었느냐, 혼자 있었느냐가 생존을 좌우한 유일한 이유였던 것이다. 또한 가족의 규모가 클수록 개인의 생존 확률도 높았다. 그뿐만이 아니었다. 생존 기간도 가족의 규모에 따라 달랐다. "가족의 크기가 클수록 가족 구성원의 생존 기간도 길었다."[9]

이는 일행 중 가장 나이가 많았던 65세의 조지 돈너에게도 해당되었다. 그가 손에 심한 부상을 입고도 다른 남성들에 비해 오래 살았던 이유는, 부인 톰슨의 극진한 보살핌이 있었기 때문이었다.

"사람의 힘으로 추위와 기아를 막을 수는 없다. 하지만 가족 내에서 상호 교환되는 능력이 남아 있는 공동체에게 어떤 영향을 미치는지는 이 그룹이 우리에게 가르쳐준다."[10]

1847년 3월 23일 구조대가 도착했을 때 톰슨은 남편을 혼자 둘 수 없으므로 자신도 그곳에 남겠다고 단호하게 말했다. 세 딸만 데려가달라고 부탁했다. 조지 돈너는 일행 중 최고령이었고 부상도 당했지만, 이런 아내의 헌신적인 사랑 덕분에 3월 26일까지 생존했다. 톰슨은 남편이 사망하자 이틀 뒤 남편을 따라 눈을 감았다.

그로부터 한 달 후인 1847년 4월 25일 마지막 일행이 구조되었다.

독신들은 거의 대부분 사망했다. 물론 가족이라고 해서 전원이 다 살아남은 것은 아니었다. 하지만 노인과 병자, 어린아이들이 그렇게 오랫동안 목숨을 부지했다는 사실은 기적이라 할 수 있다. 예를 들어 에디 가족은 4명 중 3명이 목숨을 잃었다. 그레이브스 가족은 12명 중 8명이 살아남았다. 브렌 가족은 9명 전원이 무사했다. 생존의 이유에는 사람들의 윤리의식이나 성격은 아무런 영향을 주지 않았다. 그레이슨의 주장대로 그것은 그 이상이었다. 그것은 법칙이었다.

후 손

지난 몇 십 년 간 우리 사회를 급변시켰던
두 세력은 노동과 사랑이다. 사랑은 출산으
로 이어지지만 노동은 출산을 수포로 돌아
가게 한다. 바로 이것이 우리 사회의 기본
적인 모순이다.

　지난 몇 십 년 간 우리 사회를 급변시켰던 두 세력은 노동과
사랑이다. 사랑은 출산으로 이어지지만, 노동은 출산을 수포로
돌아가게 한다. 바로 이것이 우리 사회의 기본적인 모순이다.
로미오와 줄리엣식 소재가 결코 아니다. 인생의 비극은 사랑하
다가 몰락하는 것이 아니라, 죽도록 일하다가 충분한 수의 자녀
를 낳지 않고 물러난다는 데 있다.

　노동을 하면 돈을 벌고, 사랑을 하면 돈을 쓴다. 노동은 인간
에게 가능한 한 최대의 물질적 욕구를 충족시키지만, 사랑은 다
툼으로 끝을 맺는 경우가 많다. 노동은 자산을 늘이는 데 반해
사랑은 아이와 상실을 생산한다. 노동은 실용서와 어울리되, 사

랑은 소설과 어울린다.

노동은 무엇보다 두뇌의 노동이다. 여성의 교육 수준이 높아짐에 따라 아이를 낳지 않고, 안정된 파트너 관계의 변화를 유발하는 고정 메뉴가 되어버렸다. 심지어 노동은 안정된 파트너 관계에서도 무자녀의 위험을 키운다.

노동과 사랑은 우리의 세계를 흑과 적으로 나누며 운명을 뒤섞는다. 하지만 노동과 사랑 사이에는 둘이 함께할 경우에만 성립되는 제3의 것이 있다. 그것은 돈너 계곡에서 그레이슨이 느꼈던 바로 그것, 생존의 공장인 가족이다.

돈너 계곡의 사건을 현재 우리 사회에 적용하여, 남성의 죽음과 가족의 생존이라는 법칙에서 남은 것이 무엇인지 살펴보자.

돈너 계곡의 사람들은 남성, 여성, 가족의 분할로 볼 때 그 시대 인구통계학의 거울이었다. 만일 오늘날 한 그룹이 그들처럼 겨울 산중에서 길을 잃었다면, 그룹의 구성원들은 어떤 관계에 있을까? 가족은 얼마나 될 것이며, 혼자 온 독신은 몇 명일까? 또 친구끼리 온 사람은 몇 명일까? 그리고 어떻게 살아남을 것인가?

아마 대부분 돈너 계곡의 생존자가 되지 못할 것이다. 그레이슨의 연구 결과에 의하면, 생존의 기회가 가장 큰 사람은 10명 이상의 대가족이었다. 이는 1846년의 미국 서부에만 해당되

는 것이 아니다. 이런 식의 재앙에 모두 해당된다. 가족이 클수록 살아남을 가능성도 높아진다.[11)

하지만 우리 주변을 살펴보자. 눈 씻고 찾아봐도 10명의 가족은 찾을 수 없다. 인구는 점점 줄어들고 있다. 몇 세대 전부터 눈 덮인 고개에서 고립될 위험이 사라졌기 때문일 것이다.

그런데 최근에 와서 그런 확신에 의심이 들기 시작했다. 물론 포장마차를 타고 누렇게 바랜 지도를 들고 길을 떠나지는 않겠지만, 우리가 살고 있는 이곳이 돈너 계곡처럼 영하의 온도라는 느낌이 자꾸 들기 때문이다. 우리는 개척자가 아니지만 우리 눈 앞에는 미지의 세상이 펼쳐져 있다. 저장해놓은 비축품이 빠듯하지는 않지만 친족 관계라는 비축품은 궁핍하기 이를 데 없다.

인구통계학자 니콜라스 에버슈타트(Nicholas Eberstadt)는 이탈리아에서 향후 두 세대 동안 어린아이의 3/5이 직접적 친족, 즉 형제나 또래의 사촌이 없을 것이라고 예상했다. 유럽의 다른 나라들도 사정은 크게 다르지 않다.

"유럽 어린아이의 약 40%가 또래의 친족이 없을 것이다. 형제와 또래 사촌이 동시에 있는 어린아이는 60% 미만일 것이다. 산업화가 덜 진행된 곳에서는 2050년까지도 이런 식의 변화가 완벽하게 진행되지는 않겠지만, 이는 시간 문제다. 한 세대 혹은 두 세대만 지나면 형제, 사촌, 삼촌, 숙모로 구성된 가족은 비정상적인 가족 형태가 될 것이다."[12]

《이코노미스트》 지도 이런 예측을 했다.

"가족 구조에 미묘하면서도 근본적인 변화가 일고 있다. 오늘 태어난 60억 번째 아기는 두세 명의 형제와 상당한 숫자의 사촌들이 있을 확률이 높다. 하지만 75억 번째 태어날 아기는 외동아이일 확률이 아주 높고, 같은 세대의 친족도 극소수에 불과할 것이다."[13]

따라서 그 75억 번째 아기가 돈너 계곡에서 살아남을 기회는 거의 없을 것이다.

물론 우리는 미국 서부 산중에서 눈을 만나 고립되어 있지는 않다. 추위와 눈 폭풍의 위협을 받고 있는 것도 아니다. 하지만 날이 갈수록 앞으로 나아가기가 고되고, 전진 속도도 느려지고 있다.

게다가 최근 들어 복지국가의 정부에서 국민들에게 더 이상 해줄 게 없으니 가족에게 돌아가라고 지시하자 사람들은 당혹감을 감추지 못했다. 아무도 예상치 못했던 메시지였다. 더구나 그것이 이데올로기 때문이 아니라 자원 부족으로 인한 것이라니, 더더욱 예상치 못한 결과였다.

어디로 돌아가란 말인가? 돈너 계곡의 사람들처럼 우리는 지난날 더 빨리 목표에 도달하려고 지름길을 택했다. 즉 자원을 절약하기 위해 아이를 덜 낳았고, 의무에서 면제되기 위해 가족 수를 줄였다. 이제 우리 아이들은 이런 결정을 내린 대가를 치러야 한다. 그것은 돌이킬 수 없는 결정이었다. 가족을 대체하겠다던 복지국가가 백기를 든다면—돈너 계곡에서 가엾은 하드코프에게 그랬듯이 누군가를 마차에서 내동댕이쳐버린다면—비극적 결말로 이어질 수밖에 없다.

　복지국가가 지원의 약속을 지킬 수 없게 된 지금, 우리는 어떻게 될 것인가? 상황이 더 악화되면 누가 누구를 구원해줄 것이며, 위기가 닥치면 누가 누구를 보살펴줄 것이고, 상태가 나빠지면 누가 누구를 믿을 것이며, 종말이 다가올 때 누가 누구를 상속자로 정할 것인가? 그리고 무엇보다 누가 누구를 위해 돈 한 푼 받지 않고 일을 해줄 것이란 말인가?

　우리 아이들이다. 날이 갈수록 동맹자 없이 자랄 아이들, 에버슈타트의 말을 빌리자면 "가족 내 또래와 끊을 수 없는 끈으로 묶여 있다."[14]는 원초적 감정을 자연스럽게 사회화하지 못한 우리 아이들이다. 그런데 바로 이 아이들에게 모든 것이 달려 있다. 그들의 교육에, 그들의 결정에 달려 있다. 우리 아이들은 '샌드위치 세대'이다. 돈뿐 아니라 자신들의 수명도 지불해야 할 세대이다. 대부분 부모가 늦은 나이에 낳았고, 아마 자신도 늦은 나이에 아이들을 낳게 될 것이기 때문에 이들은 인생의 40년 이상을 가족을 부양하는 데 매달려야 한다. 처음에는 자식을, 그리고 나중에는 부모를 부양해야 하는 것이다. 아이들은 생산, 사회생활, 감정의 그물망, 충성심에서[15] 성인 두 사람의 몫을 담당해야 할 것이다.

나이가 들수록 가족을 편협과 부조리, 코믹과 연속극의 조직 형태라고 오해했었다. 하지만 가족은 그레이슨의 말처럼 노동과 사랑이 만들어낸, 모든 선과 악으로 이루어진 원초적인 힘이다. 수천 년을 이어오면서 혁신과 재생산을 거듭해온 원초적 힘[16]인 것이다.

그런데 그 힘이 사라져버렸다. 수십 년 전부터 가족의 재생산은 최하 수준으로 떨어져버렸다. 지금까지 우리는 자연을 상대로 우리가 친 장난이 기술적·과학적 세계에만 국한된다고 믿었다. 철학자 칼 야스퍼스(Karl Jaspers)의 유명한 책 제목처럼 '원자폭탄과 인간의 미래'에만 해당된다고 믿었던 것이다. 하지만 이제는 깨달아야 한다. 가족과 친족의 관계 역시 우리가 장난을 걸었던 원초적 힘이었다는 사실을. 이 원초적 힘이 점점 줄어들 경우 과연 무슨 일이 벌어질까?

운 명 공 동 체

가족으로부터 도망치고 싶었던 사람들은 이
제 이상한 나라의 앨리스처럼 아무런 준비
도 없이 초현실적인 분위기의 가족 시스템
속으로 도로 쫓겨와 있다.

"보잘것없던 배급량이 이 달부터 반으로 줄어든다. 지금껏
겨우겨우 따라오던 사람들, 특히 어린아이들과 노인들, 피난민
들에게는 사형선고나 다름없다."[17]

작가 에른스트 융거(Ernst Jünger)의 이 일기는 시에라 네바
다의 불행이 아니라 1946년에 독일에서 일어난 상황을 기록한
것이다. 정확히 100년의 시간이 흘렀다. 돈너 계곡 사람들이 하
드코프라는 이름의 노인을 내팽개쳐버렸던 그날에서. 20세기
중반에 이르러 온 나라가 기진맥진이었다. 전쟁이 끝난 직후의
상황은 돈너 계곡의 비극과도 같았다.

전쟁이 끝난 후 1945년에서 1949년까지 독일에는 절대적 미

니멈이 지배했다. 독일 역사상 그 어떤 시기도 사람의 삶이나 가족사와 이보다 더 상징적으로 혹은 이보다 더 강력하게 얽혀 있었던 적이 없었다. 세계사의 이 재앙은 또한 가족의 재앙이었기 때문이다. 사람들의 아침 식탁에서 세상 모든 비극적 스토리의 서문처럼 전달되는 마지막 사건을 찾는다면, 그건 바로 이 몇 년 동안 일어났던 사건들이었다. 전쟁 포로, 전사자, 전범과 희생자, 몰락의 감정으로 새 출발의 기분을 느끼지 않았던 가족이 없었다. 몇 세대 전부터 부모들은 아이들에게 그 이야기를 들려주고, 국가는 10년에 한 번씩 추모제와 두꺼운 회고록으로 그 사건들을 기록하고 있다. 독일인들이 이런 물질적·도덕적·물리적 미니멈을 이겨냈다는 사실은 1990년대까지 국가의 자의식에 기여했다. 그리고 스스로에 대한 자의식을 부여했던 장소는 가족이었다. 가족의 힘은—가족을 통해, 가족 기업을 통해—부상당한 개인의 회복에서부터 파괴된 국토의 재건에 이르기까지, 그 모든 것을 너끈히 달성해냈다.

그날 이후 사람들은 '영시(零時, Stunde Null)'를 들먹였다. 하지만 시간보다는 온도의 차이를 들먹이는 것이 더 나았을 뻔했다. 우리 실존의 전환점을 표시했던 온도계의 눈금 영(0). 1945년 이전에 일어났던 일은 모두 영하의 온도에 있었다. 전쟁이 끝나고 나서야 비로소 기온이 올라갔고, 올라간 기온 속에서 사회적 관계도, 나아가 아이들도 번성할 수 있었다. 마치 혹한기가 끝난 후의 지구 온난화와 같았다. 실제로 당시에 나온 많은 연설과 논평들이 성장과 개화의 이미지를 사용했다.

타임머신을 타고 1945년 당시 아이들과 청소년들을 찾아가 본다면 재건의 전설적 인물들, 즉 현대 독일의 지성과 재계의 거물들이라 할 수 있는 1950년대 말과 1960년대 베이비붐 세대의 부모들을 만나게 될 것이다. 막스 그룬디히는 27세이고, 요제프 네커만은 23세이며, 귄터 그라스는 18세, 헬무트 콜은 15세이다. 경제 기적의 아버지 루트비히 에르하르트 역시 48세로 상대적으로 젊다. 이들 모두가 1945년의 새 출발을 상징한다.

하지만 전쟁 직후의 상황을 절망적이라 보았던 독일인들도 많았다. 많은 사람들이 자유 속으로 숨어 들어간 듯한 느낌에 사로잡혔다. 그리고 30년 전쟁 이후 독일인들을 괴롭혔던, 인구가 줄어든 거대 공간에 대한 두려움 역시 되돌아왔다.

지난 몇 년 동안 1945년에 대한 인식은 변했다. 이제 1945년은 비극적 역사의 에필로그가 아니라, 시작을 의미하고 유례없는 성공 스토리의 프롤로그를 상징한다. 세상이 폐허 속에 나뒹굴었지만 재건과 성장은 성공했기 때문이다.

요즘 상황은 1945년과 비슷하다. 지금도 독일은 재건을 위해 노력해야 한다. 물론 지금의 함몰 지역은 가족 그 자체, 즉 당시 국가를 다시금 단결시킬 실존적 힘을 찾아내었던 바로 그 기관이라는 점이 그때와 다르지만 말이다.

한 번 성공한 건 두 번 다시 성공할 수 없는 걸까? 전쟁 직후의 시대를 우리의 현재 및 미래 위기의 대조 지점과 희망 지점으로 선정하자는 목소리는 분명 유혹적이다. 도덕적으로 냉각되었던 나라가 서서히 녹아, 느리게 온도가 올라가는 과정은 적어도 하나의 매력적인 문명화 과정이라는 자기 합리화도 한몫한다. 함께 겪었던 재앙의 기억에는 태곳적부터 공동체를 결속시켜왔던 '그보다 더할 수는 없을 거야'와 '그 정도는 벌써 이겨냈어'의 흔적이 묻어 있다. 상황이 나쁠 경우 예전에는 이보다 더 안 좋았다는 기억으로 스스로의 용기를 북돋고 싶어 하기 때문이다.

국가도 그런 짓을 한다. 1945년 이후의 시간은 우리가 겪은 돈너 계곡의 재앙이다. 하지만 결론은 해피엔딩이다. 누구에게나 제 역할이 있었고, 누구나 할 수 있는 한 도움을 베풀었으며, 그리고 그 끝자락에는―적어도 서독에서는―번쩍이는 신 국가가 준비되어 있었다.

오늘날 전후 시대를 방향등으로 삼으려는 태도는 이해할 수 있다. 현재의 상황과 유사점이 있기 때문이다. 당시 독일에서는 가족이 극도로 위협을 당했다. 사람들은 폐허 속에서 살았을 뿐 아니라 고향과 사회 관계를 잃었고, 죽은 자를 애도했으며, 아버지나 남편이 전쟁 포로로 잡혔다는 소식을 들었고, 심한 죄책감에 시달렸다. 더구나 가족은 스스로를 경제적 소기업으로 느꼈고, 나아가 모범적인 가치관이나 도덕적 행동의 생산지로서의 가족 역시 막다른 골목에 몰렸으며, 극도의 풍기문란 상태에 있었다. 그보다 더한 압박감은 상상하기 힘들 정도로 말이다. 여러 정황으로 미루어볼 때 1945년에서 1949년까지 친족 관계에 대한 전통적 가치관이 다시 한 번 급격히 변했다는 것을 알 수 있다.

1947년 콘스탄츠 법학자의 날 행사에 참석한 사회학자들은 편모 가정과 같은 가족 해체에 대한 우려를 표했다.[18] 또한 청소년 범죄가 늘어나는 것도 가족 해체의 징후였다. 자신이 죄를 짓는 것보다 형량이 낮을 것으로 예상한 부모가 아이들에게 범죄를 저지르게 해 심지어 제1차 세계대전 이후보다 범죄 발생률이 더 높았다.[19] 나라는 부랑 청소년들과 고아들, 어린 범죄자들로 넘쳐났다.

결혼생활도 파경에 치달았다. 전쟁에서 돌아온 남자들은 가정생활에 적응하지 못했고, 아내들은 새로운 관계를 맺었다. 1948년의 이혼율은 전쟁 전보다 2배에 달했다. 1950년까지 사생아 비율은 제1차 세계대전 후와 비슷한 2배에 이르렀다. 당시 사생아의 30~40%가 부모의 결혼으로 인해 합법적인 자녀가 되기는 했지만, 연인들은 불법혼 상태에서 살았다.[20] 소위 말하는 '불완전 가족'의 엄청난 증가는 점령 군인을 아버지로 둔 자녀들을 통해 더욱 촉진되었다. 1946년 신생아의 1/6이 점령 군인의 자녀였다.

이것이 독일 연방 공화국이 태어난 순간의 상황이며, 그 상황은 참담했다. 아이들의 1/4 정도가 아버지 없이 성장했다. 1960년대 초 정신분석학자 알렉산더 미처리히(Alexander Mitscher-lich)가 만든 '아버지 없는 사회'라는 구호는 아버지가 전사하거나 전쟁 포로로 잡혀감으로써 받았던 쇼크에 대한 반응만은 아니었다. 군사정부 스스로가 '아버지 제거' 교육을 실시했다. 군사정부는 가족의 가부장적 구조에서 독일 신민 기질의 초석을 찾았다고 믿었지만, 오히려 가족의 해체와 외부에서는 통제하기 힘든 가족 충성심의 해체가 나치가 천명한 목표였다는 사실을 알지 못했다. 많은 어머니들이 궁지에 몰렸고 제1차 세계대전 직후처럼 범죄의 유혹에 빠져들었다. "최악의 상황에 처한 이혼 여성, 사별한 여성들이 넘쳐났다."[21] 당시 시민 사회의 보편적 가치가 몰락하리라는 예측이 난무했던 것도 놀랄 일은 아니었다. 그러다 1950년대 초 상황이 점차 풀리고, 범죄율이 감소하고 혼인율이 증가하면서 가족에 대한 믿음은 단순히 되돌아온 수준에 그치지 않았다. 과거의 경험을 통해 더욱 강화되었다.

수많은 아이들이 전쟁과 전후의 경험, 그리고 아버지의 부재로 인해 너무 일찍 어른이 되어버렸다. 그들은 회의적이고 뻔뻔하고 냉정하고 극도로 유동적이었다. 동시에 그들은 출세의 기회를 적극적으로 이용했다. 자신이 성공할 것이라는 확신이 있었기 때문이다. 당시의 학교 성적표를 들여다보면 최대한 빠른 시간 안에 사회의 빈자리를 탈취하고자 했던 고삐 풀린 야망을 느낄 수 있다.

이런 상황은 독일 실향민들도 마찬가지였다. 어떤 지역에서는 현재의 이민자들 못지않게 미움을 받았던 실향민들의 통합 과정은 사회 출세의 의지와 결합되어 있었다. 통합될 준비가 되어 있다는 전제조건 하에서, 야망에 부푼 이주가 어떤 활력을 풀어놓을 수 있는지 그들을 통해 확인할 수 있다. 오늘날에는 많은 독일인들이, 자신의 미래가 이곳에 살고 있는 이민자들의 통합과 그들의 사회적 야망에 달려 있다는 사실을 미처 깨닫지 못하고 있다.

하지만 당시에는 통합이 아무런 문제가 되지 않았다. 실향민들은 독일인이었고, 소련 점령 지역에서도 서독에서도 전쟁의 미불 계산서를—고향의 상실을 통해 대부분의 다른 독일인들에 비해 훨씬 더 많이—지불했다. 서독에서는 그 결과가 성공스토리였다. "학교 조사 연구가 입증하듯이 아이들은 성적이 좋았고 출세할 기회를 엿보았다. 특히 실향민의 자녀들은 평균 이상의 높은 성적을 보였다. 뿐만 아니라 불완전한 가족 출신의 아이들이 열악한 생활환경에도 불구하고 학교 성적은 물론, 직업 교육에서도 긍정적인 결과를 보였다. 아버지의 상실 역시 잊지 못할 체험으로 해석되는 경우는 드물었다. 조사위원들의 생각과 달리, 일자리를 찾지 못한 청소년들조차 비참하다거나 절망적이라고 생각하지 않았다."[22]

지금까지 이런 과정은 '기적'이라 불리고 있다. 헬무트 쉘스키(Helmut Schelsky)는 당시의 독일인들을 '운명 공동체'라 불렀다. 국가의 출생률 급락과 위태로운 인구통계학적 상황에 직면하여 최근 이 단어가 다시 회자되고 있다. 1945년에서 1948년까지의 운명 공동체는 국가가 아니라 가족이었다. 경제적으로나 사회적으로 전후 시대보다 훨씬 나아진 지금에 이르러 당시에 지폈던 불씨를 다시 지펴야 한다는 생각을 할 수도 있다. 하지만 우리는 너무 멀리 와 있다. 결정적인 원인은 변화된 인구 구조에 있다. 지금 우리가 보기에는 1945년 당시가 너무도 음울하고 사람이 살 수 없는 시대 같지만, 인구통계학의 시각에서 본다면, 다시 말해 당시 젊은 세대의 시각에서 본다면 상황은 전혀 다르다. 그룬디히와 네커만이 성공을 자축하던 사회, 귄터 그라스와 한스 마그누스 엔첸스베르거가 성장하던 사회, 베이비붐 세대의 부모들이 학교에 다니던 사회는 너무도 역동적이었다. 전후 시대는 단순한 가족의 시대가 아니었다. 성장하는 가족의 시대, 아이들의 시대였던 것이다.

인구통계학자 마시모 리비-바치(Massimo Livi-Bacci)는 그 시대를 이렇게 설명했다.

"1945년은 제2차 세계대전의 참상에 종지부를 찍었다. 수백

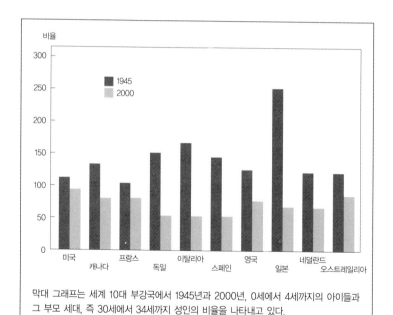

막대 그래프는 세계 10대 부강국에서 1945년과 2000년, 0세에서 4세까지의 아이들과 그 부모 세대, 즉 30세에서 34세까지 성인의 비율을 나타내고 있다.

만의 젊은이들이 전사했고, 유럽과 일본에서는 출산율이 최저로 떨어졌다. 특히 젊은 남성 인구의 손실이 컸다. 따라서 내가 계산한 어린이 인구 대 성인 인구의 비율은 여성 인구만을 대상으로 한 것이다. 또 1940년대 초에 태어난 상대적으로 적은 아이들과 1910년에서 1915년 사이에 태어난 아이들의 어머니를 대상으로 하고 있다. 다시 말해 이 어린이 인구와 성인 인구의 비율은 서구의 인구 현황이 극도로 악화된 시점에 나온 것이다. 그럼에도 불구하고 조사 대상 10개국에서 그 비율은 116이다. 이는 2000년에 비해 49%가 높은 수치다. 일본이 178로 최고였으며, 독일이 86으로 최저였다(1945년을 2000년과 비교한 도표를 참조할 것). 이처럼 상대적으로 유리한 인구통계학적 상황은 유럽의 급속한 경제 재건에 그 원인이 있었다고 말할 수 있다."[23]

1955년에서 1970년 사이에 태어난 베이비붐 세대─현재 독일에 살고 있는 남녀로, 여론을 형성하는 다수이다─는 국가의 성장을 자신의 성장으로 생각했다. 이들은 나이를 먹을수록 더 많은 것을 할 수 있었고, 더 많은 것을 알고 체험했을 뿐 아니라, 국가 역시 날로 번영하고 성장하고 번성한다는 사실을 어린 시절부터 가슴 깊이 새기고 있었다. 결국 독일은 헬무트 슈미트 (Helmut Schmidt) 시대에 와서 유럽의 경제적·사회적 모범,

가 족

즉 '모델 독일'이 되었다.

경제 성장률과 정치적 성공이 곧바로 현재의 생활에 반영된다는 이념은 1960년대 후반에서 1990년대 초반에 이르는 시기에 생성된 것이다. 스스로가 날로 커지고 성장했으며, 이런 과정의 '기적' 역시 완벽하게 인식하고 있었던 사회에서 아이들이 성장하여 어른이 되었다. 이 세대는 경제적 · 사회적 자의식은 물론, 개인의 자의식도 힘들여 얻어내야 할 필요가 없었다. 복지 사회의 배당금이 있었기 때문이다.

1950년대에서 1970년대 초까지는 가족의 황금기였다. 1935년생 여성 100명당 216명의 자녀를 출산했다. 이들 중 70명은 4명 이상의 자녀가 있는 가정 출신이었고, 60명은 자녀가 3명인 가정 출신이었다. 1945년생 여성의 경우 100명당 179명의 자녀를 낳았다. 이 중 37명이 4명 이상의 자녀가 있는 가정 출신이었고, 42명이 자녀가 3명인 가정 출신이었다.

1950년에서 1970년 사이에 태어난 사람들에게는 개인의 신체적 · 정신적 발전과 국가 발전은 같은 의미였다. 1970년대가 시작되면서 성인이 된 이 세대는 국가와 함께 아무런 이유도 없이 보너스를 받았고, 이 보너스는 1980년대와 1990년대의 복지를 보장했다. 아이들이 이제 다 자랐으니 부모와 국가가 돈을

1935년에서 1960년 사이에 태어난 인구의 생산성

출생 집단						
	1934	1940	1945	1950	1955	1960
여성 100명당 자녀를 X명 둔 여성의 비율						
자녀가 없는 여성의 비율	9	11	13	15	22	26
자녀가 1명인 여성의 비율	26	26	30	30	25	22
자녀가 2명인 여성의 비율	30	34	35	34	33	31
자녀가 3명인 여성의 비율	20	19	14	13	13	12
자녀가 4명인 여성의 비율	15	10	8	7	6	8
총계	100	100	100	100	100	100
자녀 수						
1명		26	26	30	30	25	22
2명		60	69	70	68	66	65
3명		60	57	42	39	39	37
4명 이상		70	47	37	35	37	41
총계		216	198	179	172	167	165

출처 : 베르트람, 46쪽

쓸 이유가 없었다. 게다가 태어나는 자녀 수는 점점 줄어들었고, 동시에 제2차 세계대전의 희생자였던 노인 그룹의 숫자는 너무 적었기에 사회는 유치원이나 학교 등에 쓸 비용을 절약할 수 있었다. 그랬지만 절약을 하게 된 이유를 정확하게 알지 못했다.

비극적인 일은 당시 독일인들은 이런 비약적 성장을 일구어 낸 주역이 자신들이라고 믿었다는 사실이다. 실은 그저 마르지

가 족

않을 것이라 믿었던 미래의 탱크에서 잠시 빌려온 것이었는데도 말이다.

유엔 같은 기구에서 충고했지만 독일인들은 잉여분을 저축하기는커녕 모조리 써버렸다. 노동 시간을 줄이고 휴가를 늘리고 임금을 올렸다. 이 모든 것이 서독에서는 미래에 대한 법적 요구의 엄청난 증가로 이어졌다. 동시에 1970년에서 1990년까지 복지국가에 대한 믿음도 커졌다.

온갖 논쟁과 비판, 끝없는 분노가 있었지만 이타적인 국가, 즉 사욕 없는 국가에 대한 어처구니없는 믿음이 당시에 탄생했던 것이다. 그 믿음의 중심은 아무 일 없이 평탄하게 살아가는 국민의 비전이었다. 두 번의 세계대전과 인플레이션을 겪은 지금, 두 번 다시 실존의 절대적 영점으로 내팽개쳐지고 싶지 않았다. 그랬기에 지난 20년은 오로지 심리적 억압에만 투자되었다. 독일인들은 도덕적으로 완벽했다. 적당한 자녀 수를 묻는 질문에조차 제3제국의 그림자가 드리워져 있었다. 하지만 물질적으로는 반대로 미래에서 살았다.

1960년대 말부터는 저널리즘이건 헬무트 슈미트의 실질 정책이건 시종일관 국가를 '현실', '현재' 혹은 '실제'에 안착시키려는 노력이 있었다.

사회의 성장과 신체적으로 엮여져 있다는 느낌은 현재의 고통의 정도를 설명한다. 마치 부모님의 집에서 쫓겨난 것 같은, 아무도 없을 때 나를 받아줄 거라던 원초적 약속을 가족이 깨뜨려버린 것 같은 느낌이다. 하지만 국가는 개인보다 끈기 있고 강하며 냉담하다. 그뿐이 아니다. 상황이 심각할 때 자신을 구원하고 받아줄 수 있는 것은 사람이며, 그것도 풀리지 않는 가족의 끈으로 묶여 있는 사람들이라는 사실을 사람들 스스로가 깡그리 잊어버렸던 것이다.

전쟁 후에 경험했던 온갖 출발의 사건들이 거울 글씨로 쓰여 있기라도 했던 것처럼, 오늘날 우리는 좌우가 뒤바뀐 것 같은 상황에 처해 있다. 가족으로부터 도망치고 싶었던 사람들은 이제 이상한 나라의 앨리스처럼 아무런 준비도 없이 초현실적인 분위기의 가족 시스템 속으로 도로 쫓겨와 있다. 우리의 머릿속에는 아직 1974년(낡은 가족 관념이 서서히 사라지고 출산율이 처음으로 격감하던 순간)에 한창 유행했던 장난감 플레이모빌 세상의 가족 구조가 자리 잡고 있는데, 일흔이 다 된 노인이 아직 생존해 있는 부모의 집에 들어가지 않고 밖을 돌아다닌다. 이 중 1/3이 한 번도 부모 없는 세상을 경험하지 못한다 한들 그리 나쁠 건 없을 법하다.

페터 울렌베르크(Peter Uhlenberg)의 설명대로 친족 관계는 점점 다세대 관계가 되고 있다. 일흔의 노인이 여전히 생존해 있는 부모의 자식인데도 자식이라는 자원이 사라지고 있는 세상은 너무도 낯설기에, 아직까지도 우리는 상황 파악을 못하고 있다. 비교를 위해 한번 살펴보자.

1900년에 태어났던 세대는 18세에 고아가 될 확률이 18%였다. 현재는 18세 이하 인구 중에서 조부모와 외조부모가 모두 살아 있는 비율이 68%이다.[24]

이런 새로운 관계의 풍요로움을 자랑할 수도 있을 것이다. 실제 이는 지금껏 전혀 알지 못했던 감정적·정신적 교류가 세대 간은 물론이고, 세대가 대표하는 시대 간에도 가능하다는 어느 정도의 증거가 된다.

하지만 인구통계학적 위기와 연금 및 사회 시스템의 붕괴에 직면하면, 이런 가족들은 다시금 공동체의 원형에게로 내동댕이쳐진다. 운명 공동체를 형성해야 하는 것이다. 같은 시대를 사는 세대의 숫자는 늘어나고 있지만, 가족 구성원의 절대적 숫자는 줄어들고 있다. 앞으로는 최연소 구성원의 나이가 마흔을 넘고, 그런데도 아직 자녀가 없는 형태의 가족들이 적지 않을 것이다. 과거에는 아들 딸들이 성인이 되면서 가족으로부터 떨어져 나가 자신의 가정을 꾸렸다. 그런데 이제는 이들이 자신의 가정을 꾸리지 못한 채 과거의 가족에게로 되돌아가야 하는 것이다. 이것이 전후 시대와의 결정적인 차이점이다. 가족은 점차 자녀를 돌보는 부모가 아니라, 부모를 돌보는 자녀들로 구성될 것이다.

운명 공동체. 연방헌법재판소가 마지막으로 1945년의 독일인들을 대상으로 사용했던 이 개념이 지금 보편적인 표현으로 되돌아온 것은 우연이 아니다.[25] 헌법재판소 판사 우도 디 파비오(Uhdo di Fabio)는 이렇게 말했다.

"분담금으로 재정을 충당하는 시스템에서, 분담금만 지불할 뿐 그 이상으로 시스템 유지에 전혀 기여하지 않는 사람은 훗날 받을 급여의 액수와 관련하여 너무 지나친 신뢰를 품지 말아야 한다."[26]

그의 표현이 추상적이기는 하지만 이 말은 후손이 사회의 기본 계약을 확립한다는 사실을 망각해버린 한 사회에서 발생하는, 추방당할지 모른다는 두려움과 혼자 남을지 모른다는 두려움의 응축과도 같다. 최고 재판소의 판사는 또 "노년에 국가가 부양할 것이라고 너무 과신해서는 안 된다."고 충고한다. 긍정적으로 본다면 이는 가장과 같은 국가의 부양을 믿지 말라는 충고이다. 더구나 세대 계약의 유일한 당사자인 부모들—일차적으로 어머니들—이 이 '계약'에 자신의 권리로 참가하지 않았거나 거의 참가하지 않았기 때문이라는 이유를 들면서 말이다.[27] 이렇게 말한 파울 키르히호프(Paul Kirchhof)는 이런 상황의 '스캔들'을 주장했다.

"국가는 나이가 들거나 어려움에 처한 모든—자녀가 없는 경우를 포함하여—경제 활동 인구에게 안전을 보장하는 복지 국가의 성과를 계획하고 있지만, 정작 자녀들에게는 교육을 시켜주고 교육비를 부담해주었던 부모를 빈털터리로 버려두라고 강요하고 있다."[28]

여기서 말하고 있는 것은 실제로 기만당하고 있는 어머니들, 국가와 맺은 인생 계약이 방문 판매 수준이었던 부모님들, 자신의 부모를 빈털터리로 내버려두도록 강요당하는 자녀들이다.

이것은 위대한 드라마가 될 만한 소재이다. 가족이 위기 상황에서 어느 정도의 능력을 발휘할 수 있는지 돈너 계곡에서 체험한 사람이라면, 오늘날의 상황이 해피엔딩으로 끝나리라고는 생각하지 않을 것이다.

신뢰는 어디에 있는가? 날로 수축되어가고 고령화되는 사회의 구성원에게는 오랫동안 잊고 있었던 동맹자가 필요하다. 신뢰, 무욕, 이타심, 단결심은 더 이상 미사여구가 아니라 열망하는, 심지어 돈과 대출로 환금화할 수 있는 가치가 될 것이다.

"상실의 세계에서 가족은 자력으로 구출한, 유일한 자산의 가치를 갖는다."

헬무트 쉘스키는 전쟁 직후의 시대를 바라보며 그렇게 말했다.[29)

그런데 구사일생으로 살아났다는 느낌이 점차 사라질수록 이런 자산은 불필요해졌다. 결국 사람들은 가족이 철저히 현실적인 의미를 갖는다는 사실뿐 아니라, 위험이 사라지고 모든 것이 공급되는 이 상황이 역사의 아주 짧은 예외적인 상황이었다는 사실도 잊어버렸다.

이것이 실수였다. 상황이 다시 심각해지리라는 것을 예상했어야 했다. 생존의 공장, 가족의 비할 바 없는 기적은 상황이 심각해져야 비로소 등장하기 때문이다.

역할 놀이

가치 변화만이 문제가 아니다. 이미 태도
변화가 문제가 되고 있다. 아이들을 점점
더 보지 않고 체험하지 않는 사회, 아이와
가족을 배제시킨 생활 형태를 가상으로 공
유하는 사회는 앞으로 어떻게 될까?

누가 누구를
구원하는가?

　3천 명의 휴가객들이 대형 호텔에서 이른 저녁시간을 즐기고
있다. 대부분 단체로 왔지만 혼자 온 사람들도 눈에 띈다. 섬머
랜드는 맨 섬의 매력이다. 1971년 개장할 당시에는 당대 최대
규모의 휴가 시설이라고 극찬을 받았다. 30미터가 넘는 고층의
콘크리트 성은 멀리서도 눈에 확 들어온다. 건물 안에는 레스토
랑과 바가 여러 개 있고, 수영장이 2개, 야외 정원이 딸린 사우
나 시설이 있다. 1973년 8월의 그날, 두 사내아이가 비어 있는

매점 앞에서 성냥갑을 발견했다. 그때가 오후 7시 20분이었다. 10분 후 그들은 담배에 불을 붙여 피웠다.

호텔 안쪽은 아무것도 모르는 인파로 넘쳐났다. 바에는 많은 손님들이 모여 있었고, 풀장에서 수영하는 사람들도 있었다. 남자 몇 명이서 언쟁을 벌이고 있었으며, 한 아이가 엄마 아빠를 찾고 있었다. 외부에서 보면 이 사람들이 서로 어떤 관계인지 전혀 알 수가 없었다. 하지만 대부분의 사람들은 눈에 보이지 않는 관계의 끈으로 묶여 있었다. 상당수가 친구나 가족들과 함께 휴가를 보내고 있었던 것이다. 혼자 온 사람들은 몇 안 되었다.

7시 40분 한 매점이 불길에 휩싸였다. 두 사내아이가 뒤쪽에 몰래 숨어 담배를 피우던 바로 그 매점이었다. 그리고 야외 정원과 바로 잇닿아 있던 맞은편 집 입구로 불이 옮겨 붙었다. 직원들이 화재 사실을 알아차렸다. 그리고 20분 동안 화재를 진압하려고 노력했다. 하지만 타이타닉 호의 승무원들이 그랬듯이 그들 역시 도움의 손길이 필요하다고는 생각하지 않았다. 경보를 울리고 소방차를 부르는 대신, 스피커를 통해 야외 정원의 손님들을 안심시키고 좀 소란스럽더라도 신경 쓰지 말라고 부탁했다.

8시 1분. 흥분한 택시 기사가 비상센터에 전화를 걸어 섬머랜드에서 거대한 연기 기둥이 하늘로 치솟고 있다고 알렸다. 같은 시간 야외 정원이 폭발했고 불꽃은 토네이도의 괴력으로 건물을 집어삼키고 있었다.

8시 20분에 사건 현장에 도착해 불길을 피해 달아나는 사람들 틈에 갇혀버렸던 BBC 카메라 팀은, 눈앞에서 엄청난 속도로 번져가는 불길과 계속 변하는 바람의 방향에 따라 불미로가 형성되고 그 사이로 달아나고 있는 사람들을 카메라에 담았다. 그 한가운데에서 불꽃과 연기로 뒤덮인 콘크리트 덩어리, 호텔이 불타고 있었다. 그런데 이상하게도 몇몇 손님들은 생명이 위태로운 이 상황에서 도망칠 생각은 하지 않고 사건 현장에 그대로 서 있거나 호텔 안으로 다시 들어가려고 했다. 호텔 밖으로 나가려고 하지 않아서 억지로 끌어낸 사람도 있었고, 공포와 혼란에 완전히 정신을 잃고 이리저리 날뛰는 사람들도 있었다. 인파는 소용돌이가 되어버렸다.

사건이 종료되자 화재의 피해 규모가 드러났다. 제2차 세계대전 이후 영국 최대의 화재 재난 사건이었다. 오늘날까지 완전한 피해 내역이 밝혀지지 않았지만 최소한 사망자가 51명, 부상자는 400명 정도 되었다.

끔찍한 참사였지만 몇 년 후 조나단 사임(Jonathan Sime)이 불타는 호텔 내부에서 벌어졌던 일들에 관심을 갖고 연구를 하지 않았더라면 그 사건 역시 수많은 재난 사건의 하나로 세인들의 뇌리에서 잊혀지고 말았을 것이다. 사임은 위기 상황에 처한 인간의 심리를 연구하는 심리학자이다. 원래는 탈출로에 대한 논문을 쓰겠다는 목적으로 시작했다. 이는 관공서와 건축사들에게 도움이 될 만한 주제였다. 어쨌든 그는 그날 저녁의 참사에 관한 모든 기사를 읽었고, 화재 당시 야외 정원에 있다가 빠져나온 생존자 148명의 증언을 비교했다.

불길이 야외 정원을 집어삼키기 전인 8시 1분에 카메라가 사건 현장을 찍었더라면 아마 뿔뿔이 흩어져 혼자 놀고 있던 사람들밖에는 포착하지 못했을 것이다. 그 순간에는 어린아이들도 상당수가 엄마 아빠한테서 멀리 떨어져 놀고 있었기 때문에 누가 누구의 아이인지, 누가 누구와 한 팀인지, 누가 누구와 식구인지 아무도 알 수가 없었을 것이다. 호텔 직원들이 손님들을 안심시킨 상황이었던 것이다.

하지만 불과 몇 분 후—혼란이 이미 시작되었다—에 녹화된 장면은 전혀 달랐다. 그 순간의 행동 모델을 해독한 사람이 바로 조나단 사임이었다. 무슨 일이 벌어졌는지 그가 비로소 밝혀냈던 것이다.

사임이 조사 결과를 발표하기 전에는 다들 현장에 있었던 사람들이 공포로 인해 방향을 잃고 정신없이 허둥거렸을 것이라고 생각했다. 불길과 연기 때문에 어쩔 수 없이 흩어져 혼자 싸

56

웠고, 더 강한 자가 살아남았을 것이라고 말이다. 이 이론에 따르면 휴가객들은 당연히 가장 빠른 길을 택해 즉각 탈출을 시도해야 옳다. 하지만 사임의 연구 결과는 달랐다.

화재가 발생하자 갑자기 태곳적 계약 관계가 힘을 발휘하기 시작했다. 가족들은 전혀 당황하지 않았다. 오히려 순식간에 엄청난 효율성을 보이며 뭉치기 시작했다. 그리고 혼란의 와중에서도 서로를 잃어버리지 않고 함께 도망치기 위해 사력을 다했다. 같이 온 사람을 찾는 것은 당연한 행동이 아니냐고 생각했다면, 친구들끼리 온 사람들은 전혀 그런 행동을 보이지 않았다는 사실에 적잖이 당황하게 될 것이다. 가족의 67%가 함께 움직였지만, 친구들의 경우 불과 1/4만이 서로를 찾았다.

더 놀라운 일은 화재 시점에 떨어져 있었던 가족들이 혼란의 와중에서도 서로를 찾기 위해 안간힘을 다했다는 사실이다. 심지어 건물 반대편으로 달려간 사람들도 많았으니 어떤 희생도 각오했던 것이다. 화재 순간 대형 야외 정원에 흩어져 있던 30가족 중 절반이 가족을 찾아 헤맸고, 실제로 가족을 찾았다. 그리고 전원이 무사히 건물을 빠져나왔다.

친구들끼리 온 사람들은 어땠을까? 화재 발생 시점에 흩어져 놀고 있던 19팀 중에서 탈출하기 전 서로를 찾아 헤맨 경우는 단 한 팀도 없었다. 화재가 발생하기 전에는 가족보다 더 진한 애정을 과시했지만, 사건이 터지자 순식간에 그 애정의 끈은 끊어져버렸다. 친구들은 사방으로 흩어진 고독한 전사가 되었고, 가족은 번개 같은 속도로 정렬한 구조대가 되었다. 사임은 결론을 내렸다.

"결과로 미루어보건대 가망 없는 상황, 즉 패닉 이론에 따르자면 모든 심리적 결합의 완벽한 붕괴가 예상되는 상황에서 절반의 사람들이 가족과 함께 탈출하는 데 성공했다. 73%가 한 사람 혹은 그 이상의 그룹 성원과 함께 탈출할 수 있었고, 이들 그룹 성원의 다수가 가족이었던 것으로 드러났다."[30]

건물의 다른 편에서는 이런 행동이 얼마나 이타적이었는지 드러났다. 이는 친구들 사이에서는 거의 찾아볼 수 없는, 엄청난 대가까지도 감수하고 있었다. 행동이 느린 가족을 배려하느라 너무 늦게 출구에 도착한 가족들도 있었다. 이들은 가족을 전부 데리고 나오기 위해 목숨까지 걸었고, 일부는 생명을 포기하기도 했다. 그뿐이 아니었다. 위험을 무릅쓰고 공동체를 형성하고, 다른 구성원을 찾아 이들에게 상황을 이해시킬 각오가 되어 있다는 것만으로도, 상황의 위급함을 고려할 때 엄청나게 희생적인 행동이었다. 타는 냄새가 나자마자 즉시 행동에 돌입한 개인들과 달리 가족은 일단 서로 의사소통을 해야 했기 때문이다. 위험의 정의를 내리고 결론을 이끌어낸 다음 모든 구성원에

가 족

게 그 정보를 전달해야 했다. 최대한 빨리 진행해야 했고, 최고
령자와 최연소자도 바로 이해할 수 있어야 했다. 게다가 개인들
이 주로 이용했던—평소 익숙하지 않은 비상구 대신—평소 다
니던 출입구를 통해 밖으로 빠져나오려 했던 가족들도 있었다.

사임은 이런 결과가 향후의 '패닉 건축'에 자극제가 될 것이
라고 보았다. 비상 탈출로는 비상 사태가 아니더라도 평소 정기
적으로 이용되어야 한다고 말이다.

가족의 약점은 자극에 대한 반응 속도가 느리다는 데 있었
다. 반면 강점은 자신을 두고 가지 않을 것이라는 믿음에 있었
다. 친구들의 약점은 모두가 개인이 되어버렸다는 것이고, 강점
은 비상구를 빠르게 찾아냈다는 것이다.

가족들의 속도가 느린 이유는 개별 가족 구성원의 시각에서
바라보아야 한다. 그룹을 위태롭게 한다는 이유로 돈너 계곡에
서 버림받았던 가난하고 지친 하드코프와 달리, 자신은 절대 버
림받지 않으리라는 것을 가족 구성원 모두가 알고 있다. 모두의
마음속에는 원시 시대의 신뢰가 깃들어 있다. 가족이 이성을 잃
지 않을 수 있었던 이유도 바로 이 때문이다. 가족이 공포에 빠
진 순간은 출구가 차단되었거나 탈출로가 막혀 있다는 사실을
발견했을 때였다.

이런 신뢰의 생산지는 가족 그 자체이다. 하지만 반드시 완

벽한 가족이어야 할 필요는 없다. 엄마와 자녀, 혹은 할아버지와 손자로 구성된 가족일 수도 있다. 특별한 경우에는 눈앞에 보이지 않아도 좋다. 존재 그 자체만으로도 가족은 개인에게 무사히 살아 돌아갈 수 있다는 확신을 줄 수 있다.

BBC의 카메라와 기자들은 도주하는 사람들 틈에서 이런 행동모델을 깨닫지 못했다. 하지만 그것은 사건 당일 저녁부터 무의식적으로 온 나라에 보도되었다. 마감 뉴스는 흩어져 있다가 다시 만난 사람들의 첫 증언들을 내보냈다. 가장 감동적인 스토리는 역시 가족들의 입에서 흘러나왔다. 이런 비극적 사건으로 충격은 받았지만 버림받지 않았다는 사실에 감격한 사람들이었다. 니콜라스 에버슈타트의 말을 빌리자면, 아무도 받아주지 않을지라도 가족은 반드시 받아준다.

지금까지 살면서 불타는 건물에서 도망치느라 가족의 도움을 받아야 했던 사람은 극소수일 것이다. 다행스럽게도 현대 사회에서 섬머랜드 수준의 재앙을 겪을 확률은 그리 크지 않다. 하지만 개인에게 외부의 위기 못지않게 생명의 위협이 될 수 있을 만한 마음의 위기가 닥친 경우 즉각적으로 구조대가 달려든다. 정신적인 문제가 발생했을 때 대부분의 사람들은 가족에게서 보호와 위안을 찾는다. 가족 사이에서는 다른 범주의 행복,

불행, 다른 형태의 관심이 중요시된다. 보통의 경우 관심은 동정에서부터 시작된다. 하지만 아리스토텔레스는 《수사학》에서 친족에게는 동정을 느끼지 않는다고 했다. 자식이나 부모에게 무슨 일이 일어나면 놀라고 당황하여 동정을 느끼지 못한다는 것이다.

생명체가 서로를 어떻게 대하는지를 연구하는 진화심리학에서는, 욕심 없는 자발적 도움에 대해 이타심, 즉 '희생'이라는 개념을 사용한다. 친족이 서로에게 도움을 주는 것을 절대적 희생으로 보아야 하는지에 대한 문제는 지금까지도 결론이 나지 않은 논쟁거리다. 자신의 유산을 보호하는 행위이기에, 결국 따지고보면 자신의 이익을 위한 행동이기 때문이다.[31] 확실한 것은 우리 사회가 다른 사람이나 친구를 도왔느냐, 가족을 도왔느냐에 따라 희생의 종류를 상세하게 구분한다는 사실이다.

예를 들어 카네기 영웅 기금 위원회(Carnegie Hero Fund Commission)는 매우 존경받는 미국의 자선단체로, 제도화된 희생 센터와 같은 기관이다. 100년 전부터 피츠버그에 위치하고 있는 이 단체의 임무는, 다소 비장하게 들릴지 모르지만 '문명의 영웅들'을 찾아내어 포상하는 것이다. 포상 대상은 일체의 욕심 없이 타인을 위해 생명의 위험을 무릅쓴 사람들, 심지어 목숨을 잃은 사람들도 있다. 가히 희생정신의 모델이라 할 수 있다.

이 사람들에게 카네기 위원회는 멋진 트로피와 엄청난 액수의 포상금까지 지급한다. 영웅적인 행동은 즉흥적이기 때문에 또 다른 영웅적인 행동의 자극제가 될 수 있다고 생각하지는 않지만, 타인을 위해 위험을 무릅쓴 사람들이 그로 인해 적어도 경제적 손실을 입어서는 안 된다는 것이 앤드류 카네기(Andrew Carnegie)의 생각이었기 때문이다.

이기주의가 날로 팽배해지고 이타주의가 사라지고 있다는, 100년이 넘도록 계속되어온 논쟁에도 불구하고 영웅은 늘 있어왔다. 그래서 카네기 영웅 기금 위원회에서는 지금까지도 해마다 일상의 영웅들을 후보로 선정하는 데 별 어려움이 없다. 웹 사이트에서 그들의 명단을 확인할 수 있다. 1904년 4월 15일 화려하게 문을 연 이후 지금까지 9천 명에 이르는 사람들이 용기의 대가로 상을 받았다. 사회 모든 계층을 아우르는 일반적인 사람들이다. 단 수상자들 중 친족을 위해 위험을 무릅쓴 사람들에게는 포상의 기회가 제외된다. 이는 친족을 위한 희생은 수상에서 제외한다고 카네기가 명시했기 때문이다. 그는 그런 행동은 당연한 행동이기에 놀랄 일도, 격려가 필요한 일도 아니라고 본 것이다. 그러나 예외는 있다. 불타는 집에서 아이들을 구출하다 목숨을 잃은 부부처럼 자신의 생명을 내던져 비극을 맞이

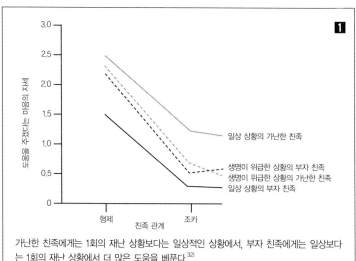

가난한 친족에게는 1회의 재난 상황보다는 일상적인 상황에서, 부자 친족에게는 일상보다는 1회의 재난 상황에서 더 많은 도움을 베푼다.[32]

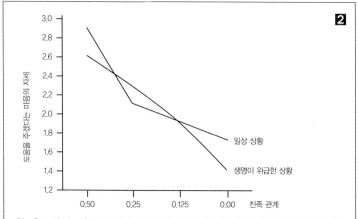

친족을 도와주는 경우도 차이가 있다. 도움을 주는 사람은 재난 상황과 일상 상황을 구분한다. 먼 친족일수록 재난 상황에 도움을 베푸는 비율이 줄어든다. 일상 상황에서는 가까운 친족보다는 먼 친족이나 친구를 도와주는 비율이 더 높다. 이는 가까운 친족의 경우 친구 사이와 달리 '기브 엔 테이크'의 정확한 대차대조표를 요구하지 않기 때문이다.[33]

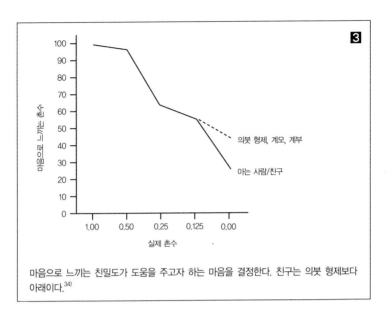

마음으로 느끼는 친밀도가 도움을 주고자 하는 마음을 결정한다. 친구는 의붓 형제보다 아래이다.[34]

했다면 수상 대상자가 될 수 있다.

아무리 그렇다 하더라도 왜 타인에 대한 이타심만 보상을 받아야 하는 걸까? 이타적 행동에 관한 기초 연구에서 유진 번스타인(Eugene Burnstein), 크리스티안 크랜덜(Christian Crandall), 시노부 기타야마(Shinobu Kitayama)는 이런 질문을 던졌다.

"언뜻 보기에는 친족을 수상 대상에서 제외시키는 처사가 황당해 보인다. 영웅적 행동을 열심히 칭찬해온 카네기 위원회가 특정 성(姓)이나 국적을 가진 사람을 수상 대상에서 제외시킨다면 기금의 목적 자체에 의혹이 생길 것이다. 그런데 왜 친족에 대한 차별대우는 용인되는 걸까? 누구나 다 친구나 다른 사람의 운명보다 후손이나 형제 자매, 부모의 운명이 더 중요하다는 사실을 인정했기 때문이다."[35]

하지만 두말할 필요도 없이 당연하다고 생각했던 것이 날로 줄어드는 자원이 되고 있다. 후손을 자신의 근거로 삼겠다고 생각하는 사람들이 날로 줄어들고 있는 것이다.

사회는 친족의 이타심을 일정 부분 필요로 한다. 자신이 위급한 상황에 처해 있을 때 모든 걸 감수하고 도와줄 각오가 되어 있는 사람들. 그날 섬머랜드에 친구끼리 오거나 혼자 온 사람들만 있었더라면 사망자 숫자는 훨씬 많았을 것이다.

날로 아이를 적게 낳아서 친족의 숫자가 줄어들 운명에 있는 사회는 어떻게 될까? 가족이 없는데, 아니 더 정확히 말해 위급한 상황에서 달려와줄 수 있는 가족이 날로 줄어들고 있는데, 누가 누구를 구해줄 것인가? 당연했던 것들이 당연하지 않은 것이 되기 시작한다면? 한 사회가 늘 혼자서 야외로 나가는 사람만 칭찬하다가 이제 아무도 되돌아오지 않아서 놀라고 있다면?

장담하건대 언젠가는 미래의 구조 전문가, 미래의 조나단 사임이 등장하여 왜 특정 출구는 사용하지 않으면서 다른 출구를 더 선호하는지를 조사하게 될 것이다. 또한 미래의 사임은 볼 수 없었던 모델을 파악할 것이다. 우리 눈에 들어오는 것은 그저 엄청난 인파뿐이다. 그리고 2명의 사내아이와 성냥갑이 한 편에서, 3천 명의 사람이 다른 편에서 마주 보고 있는 거대한 전선뿐이다. 그 한가운데에 우리가 서 있다. 우리는 혼자인가? 우리는 잊혀져 버렸나? 아니면 이제 막 과거의 계약을 파기하고 새로운 세대 전체를 잊어버리려 하고 있는 사람들인가?

섬머랜드에서는 희생정신이 재난의 순간으로 압축되었다. 이는 인간이 위기의 순간에 얼마나 원초적으로 구분되는지 보여준다. 하지만 이타주의의 힘이 한 사회 내에서 장기간에 걸쳐 효력을 발휘하는, 보다 느리고 차분한 형태들도 있다. 이것이 가능한 경우는 성장하는 가족이 있는 환경에서 사는 경우, 다시 말해 매일, 매 시간마다 가족을 걱정하고, 그럼으로써 한 사회의 경제학이 '도덕적 경제학'으로, 보상을 기대하지 않는 행동으로 확충되는 경우이다.

7개국을 대상으로 조사한 결과 친족 네트워크의 규모, 특히 가까운 친족의 숫자가 친족간 단결심을, 가족 구성원이 공통의 목표를 설정할 상황에 있는지 여부를 결정한다는 것을 알 수 있다.[36] 이는 후손이 부족한 현대 사회에도 적용될까?

전체 가족을 대상으로 한 니클라스 루만(Niklas Luhmann)의 다음 설명[37]은 섬머랜드에서도 확인할 수 있었다.

가족은 다른 구성원이 지금 어디에 있는지 항상 알고 있는 사회 시스템이다. 그것을 모른다면 가족은 해체된다. 어릴 때는 "너 어디 있었니?"라는 질문에 "무슨 상관이야." 하고 성의 없이 대답할 수도 있다. 하지만 그럴 때도 자기가 지금 가족에게 적절하지 않은 행동을 하고 있다는 사실은 알고 있다. 가족은 다른 구성원이 위험에 처할 경우 구조할 수 있도록 어디에 있는지 평생 알고 싶어 하는 유일한 조직이다.

▌누가 누구에게 책임을 씌우는가?

의사들과 보건관청이 나서서 가족이 장수에 도움을 준다는 증거 자료들을 수없이 제출하고 있지만, 사회는 그것을 반론하는 목록들을 작성하고 있다.

가족은 그 절반이 석기시대의 산물이라는 것이다. 가족은 동물 조상과의 친족 관계를 되새겨준다. 때문에 가족은 종종 두려움을 불러일으킨다. 가족 내에서는 태곳적 감정이, 오래되고 길들여지지 않은 감정이 방출된다. 우리의 지식 규범 역시 그렇게 시작한다. 고대 신화, 모든 역사 기술의 시작은 완벽한 아버지 살해 이외에는 아무것도 아니다. 가족이라는 말을 들은 근대의 교양시민은 아브라함과 거의 성공할 뻔했던 그의 아들 살해를 떠올리지 않을 수 없다. 율리우스-클라우디우스 왕조, 로버트 그레이브스, 로마 황제 시대의 형제 자매, 어머니 살해, 권력을 지키기 위해 형제 자매와 어머니, 아버지를 살해했던 술탄과 차르와 칸을 저절로 떠올리게 되는 것이다.

또 다른 반론으로, 가족은 시대에 뒤떨어졌고 현대화에 역행한다는 주장이 있다. 가족은 세계화된 세계에서 마지막 날까지, 즉 감정이 인간을 지배하고 독립적이지 못한 아이들을 낳는 그 순간까지 절대 온전히 현대화될 수 없는 제도이다. 때문에 현대사회는 가족을 불필요한 존재로 경시하는 것이다.

오늘날의 관점에서 보면 전혀 이해가 안 되지만, 19세기까지만 해도 사람들은 가문이 멸족할지도 모른다는 두려움에 사로잡혀 있었다. 《로마사》에서 테오도르 몸젠(Theodor Mommsen)이 말했다.

"로마 시민들에게 있어서 집과 아이는 인생의 목표이자 핵심이다. 죽음은 불가결하기에 어쩔 수 없지만, 일찍부터 자식이 없는 사람들에게 아이를 입양하여 자신의 불행을 피해갈 수 있는 법적 수단을 열어주었던 공동체에게조차 가문의 멸족은 재앙이었다."[38]

에드거 앨런 포(Edgar Allen Poe)의 《어셔 가의 몰락》은 19

세기 멸족의 공포를 시대에 앞서 표현하고 있다. 토마스 만 (Thomas Mann)의 한노 부덴브로크도 족보에 적힌 이름에 줄을 그어 아버지를 경악과 분노에 빠뜨린다. 자기 다음에는 아무 이름도 적히지 않을 것이라고 한노는 생각한 것이다.

페터 폰 마트(Peter von Matt)는 '문학 속에 나타난 가족의 파멸'을 다룬 자신의 책에서, 오늘날의 의식으로 볼 때는 "이런 사건, 즉 한 가문의 멸족은 더 이상 아무런 의미도 없지만 19세기까지 숭고한 비극의 시대를 통 털어 그것은 천재지변과 같은 비극이었다."[39]고 말했다. 역설적이게도 과거 대부분의 사회는 위기 상황이나 페스트가 창궐했던 시기처럼 소수의 예외적인 순간을 제외하고는 많은 수의 후손을 통해 안전하게 존속되었다. 아니, 후손이 조상을 양적으로 대체하는 수준에서 머물지 않고 날로 인구가 늘었다.

20세기 초, 가족으로부터 벗어난 현대의 해방에는 아직까지 과잉 사회의 저항이 남아 있었다. 이들 혁명가들은 너나 할 것 없이, 심지어 경악한 프란츠 카프카(Franz Kafka)까지도 가족과 이리저리 얽혀 있었기 때문이다.

지그문트 프로이트(Sigmund Freud)는 가족을 전쟁터라고 했다. 작가들이 그의 주장에 동조했고 복수를 연습했다. 그리고 부모가 선사한 생명의 대가는 고통과 괴로움, 외로움으로 지불하고 있다고 썼다. 원한다면 20세기의 첫 순간부터 마지막 순간까지 문학에서 가족의 창출과 가족생활에 저항하는 탄약을 찾아내어 무장할 수도 있을 것이다.

그러나 이것만은 알아야 한다. 저항은 가족이 사회 규범이던 시절, 오랜 세월 심지어 정치 규범이던 시절에 일어났다는 것을 말이다. 가족은 말 그대로 정부였다. 19세기의 봉건 구조를 상상할 수 없듯이, 우리 같은 후손들로서는 그 사회의 밀착성과 구속력을 도저히 상상할 수 없는 그런 정부였다. 때문에 오늘날 가족에 관한 많은 사례 연구에는 앙상 레짐과의 기묘한 알력의 흔적이 묻어 있다.

셰익스피어의 《리어 왕》에서부터 프란츠 카프카와 헤르만 헤세(Hermann Hesse)의 소설에 이르기까지 가족에 대한 분노와 가족의 섬뜩한 법칙에 대한 두려움을 담은 이야기들은 끊이지 않고 이어진다. 분노와 공포는 우선 서사 형식, 대양의 위엄을 갖춘 사가(Saga)중세 때 북유럽에서 발달한 산문 문학을 통틀어 일컫는 말. 사가는 '이야깃거리'라는 뜻이다. 처음 노르웨이에서 발생한 듯하나 뒤에는 전적으로 아이슬란드에서 쓰여졌다를 요구했고, 훗날에는 탄원서, 결산 보고서, 작별의 편지 형식을 요구했다.

지난 세기 독일 문학은 가족 소설에 근거를 두고 있다. 한 가문의 몰락을 다룬 소설 《부덴브로크 가의 사람들》로 시작되기

가 족

때문이다. 뤼벡 시의 상인 일가는 경제적·도덕적으로 파산할 뿐 아니라 인구통계학적 파산까지 겪게 된다. 한노 부덴브로크는 이 집안의 마지막 자손으로 그와 더불어 기업과 가문은 사라진다. 한 세기가 지난 지금도 25세 청년이 쓴 그 소설이 얼마나 혜안을 지니고서 미래의 테마와 유희했는지는 그저 놀라울 따름이다. 소설에서 멸족의 사실이 명백해지는 순간은 마치 공포 소설을 읽는 듯하다.

"이때 복도 문이 열렸다. 그리고 백설처럼 흰 피케로 지은, 주글주글 축 늘어진 평상복 차림의 형체가 어스레한 어둠에 싸인 채 두 사람 앞에 꼿꼿하게 서 있었다. 숱 많은 검붉은 머리카락이 흰 얼굴을 에워싸고 있었고, 미간이 좁은 갈색 눈의 눈꼬리에는 푸르스름한 그림자가 드리워 있었다. 장차 부덴브로크 가의 어머니가 될 게르다였다."[40]

그녀는—독자들이 알고 있듯이—어머니가 되지 않을 것이다. 한노 이후 아무도 태어나지 않았기 때문이다. 그런데 소설은 그 사실을 약간 오싹한 분위기로 표현하고 있다. 페터 폰 마트는 "낭만적 소설에서는 전통적으로 유령과 여자 조상들은 여기 게르다처럼 등장한다."[41]고 설명했다.

가족 종말의 이미지는 아직 으스스하다. 19세기에서 20세기로 넘어가는 문턱에서 그 이미지의 사신들, 즉 게르다 부덴브로크 같은 자의식 강한 여성과 그녀의 남편처럼 철학적인 상인에게는 문학적으로나 미학적으로 죽음의 냄새가 역력하다.

그로부터 20년이 채 안 된 1919년 필리포 토마소 마리네티(Filippo Tommaso Marinetti)가 말했다.

"가족적 관심은 열등한 감정이며 거의 동물적이다. 몸집 큰 야생 동물이 무서워, 모험과 기습 앞에 도사리고 있는 밤이 무서워 탄생한 감정이다. 그것은 젊음의 용기를 무너뜨리는 노화의 첫 신호와 함께 온다."[42]

마리네티가 이 글을 쓸 당시에는 밤이 더 밝았고, 동물들은 길이 들었으며, 적대적인 세상 속으로 속수무책 던져졌다는 느낌은 거의 사라졌을 것이다.

거칠 것 없는 예술가, 고독한 황야의 이리, 자유로운 혁명가의 이상은 20세기 초의 그런 정치적·미학적 환경에서 탄생했다. 인간에 대한 비장하고 영웅적인 채색이었다. 영향력 있는 영국 비평가 시릴 코놀리(Cyril Connolly)는 "집 현관에 세워놓은 유모차보다 더 음울한 예술의 적은 없다."[43]고 말했다.

물론 가족은 죽은 자들의 섬이 아니다. 알다시피 최초의 살인은 형제 간에 일어났다. 가족 간의 증오, 범죄와 폭력, 도난은 인간의 가족에만 있는 것이 아니다. 동물 간에도 그런 일이 있다. 동물들 역시 친족에게 불충하는 경우가 많다. 하지만 도둑

가 족

질로 생계를 꾸려가며 친족의 것을 도둑질하는 까마귀가 입증하듯이, 친족에게 불충하는 경우에는 누구나 양심의 가책을 느낀다. 이는 200시간 이상 동물을 관찰함으로써 확인한 사실이다. 까마귀가 남의 물건을 훔칠 때는 공격적이고 뻔뻔하지만 친족의 물건을 훔칠 때는 조심스럽고 약간 당황스러워한다.[44]

가족은 원형차진마차를 둥그렇게 하여 방벽을 대신한 진영일 뿐 아니라, 콘라드 로렌츠(Konrad Lorenz)의 말처럼 추위와 두려움을 훈련하는 훈련장이다. 로렌츠는 가족 내에서 쌓은 두 가지 경험, 즉 고통과 이타심의 감정은 현대 사회에 꼭 필요한 요소라고 지적했다. 그는 불쾌감을 피할 수 있다는 환상과 이런 부담 없이도 인생이 가능하다는 허구에 경고를 보낸다.

"동물학자 오스카 하인로트(Oskar Heinroth)는 1910년 '가족과 타인에 대한 행동, 애정과 우정의 갈구는 순수하게 타고난 것이며, 일반적으로 우리가 생각하는 것 이상으로 훨씬 원시적인 과정이다.'라고 말했다. 이 말은 현대의 인간 비교행동학 연구 결과를 통해 그 타당성이 입증되고 있다. 이런 극도로 복잡한 모든 행동방식의 유전적 프로그래밍은 '그것이 예외 없이 기쁨은 물론 엄청난 고통도 동반하는'[45] 결과를 가져온다."

하지만 가족이 비난을 받게 된 원인은 무엇보다 오랜 세월 우리의 문학적 호기심은 물론이고 학문적 호기심까지 가족의 파괴적 에너지와 그것의 제어에만 쏟아졌다는 데 있다. 오랜 세월 인간의 자기 탐구와 연구 관심은 인간 상호간의 활력을 설명하기보다는 긴장을 강조하는 데 역점을 두었다. 그것은 가족을 일생 동안 결속시키기가 날로 힘들어지고 있다는 표현이다. 최근에 와서는 가정을 꾸리는 것부터가 훨씬 힘들어지고 있다.

몇 년 전 두 사람의 인류학자 윌리엄 얀코비아크(William Jankowiak)와 모니크 디드리치(Monique Diderich)는 지금까지 부모와 자식의 관계는 물론이고 형제 자매의 관계 역시 오로지 라이벌 의식과 서로에 대한 실망의 관점에서만 연구되어 왔다는 사실에 놀라움을 금치 못했다. 그들의 말을 직접 들어보자.

"단결심이나 협동심, 형제 자매의 친밀함을 다룬 연구서는 실제로 존재하지 않는다."[46]

사정이 이러하니 지난 몇 십 년 동안 가족이라는 사회 구조에 반대했던 목록들을 더 뒤적여볼 필요는 없을 듯하다. 다만 그것이 과거에 대한 설명이라는 사실만 유념하면 된다. 오늘날의 사회는 더 이상 가족에게 지배당하지 않는다. 이것은 전통적으로 가족과 연관된 가치관이나 불행의 감정, 압박감에 대한 사회학적 진술만이 아니다. 가치관과 가치 변화는 거의 문제가 안 된다고 주장할 수 있을 테니까.

1970년대 중반 부유한 유럽 국가들의 국민들에게, 스스로 후손을 낳지 않는 일은 또 다른 불행을 세상에 내보내지 않는 하나의 수단이었다. 귄터 그라스의 단편소설 〈두뇌의 산물 혹은 독일인의 멸망〉에서처럼 과밀 인구로부터 세상을 구하기 위해서만이 아니었다. 고대 사람들이 자주 써먹던 불행, 이 세상에 태어났다는 불행을 다음 세대에 물려주지 않기 위해서였다. 당대를 풍미하던 수많은 구호들은, 세상을 구원하기 위해 아이를 낳지 않는다는 내용이었다. 1971년 영국의 서정시인 필립 라킨(Philip Larkin)은 한 세대의 시를 썼다.

너의 아빠와 엄마, 그들이 너를 망친다.
의도한 것은 아니겠지만 그래도 너를 망친다.
그들은 그들이 저지른 실수로 너를 살찌우고
그것도 모자라 자꾸만 더 쑤셔 넣는다. 다름 아닌 너를 위해.

하지만 때론 가차 없이 감상적이고
때론 서로의 목을 물어뜯던,
유행 지난 모자와 코트를 입은 바보들에게
그들 역시 망가졌다.

인간은 인간에게 불행을 물려주고

불행은 해안의 대륙붕처럼 날로 깊어진다.
최대한 빨리 끝장을 내고
아이를 낳지 마라.

'인간은 인간에게 불행을 물려준다.' 인간은 출산을 통해 다음 세대에게 불행을 건네준다. 이 말은 진부하고 철부지 투정처럼 들린다. 문제는 인간이 불행을 전달한다는 데 있는 것이 아니다. 후손의 부재로 인해 점점 더 많은 인간이 아무것도, 즉 감정이나 행복, 또는 불행도 물려주지 못한다는 데 문제가 있다. 가족이 줄어들면서 점점 더 적은 양의 이타심을 건네주고 있다. 모든 문명의 탈바꿈 저 너머에 있는 돈너 계곡과 섬머랜드에서 배울 수 있었던 이타적 행동방식이 자녀의 존재를 통해서 나타나게 되는데, 가족이 날이 갈수록 줄어들고 있기 때문이다.

1950년대 중반 아직은 모든 것이 좋아 보였던 시절, 20세기를 통 털어 가장 건전하고 성공적인 가족의 시대가 막을 열었던 순간, 문학은 벌써 의심의 목소리를 내비쳤다. 가족의 이미지는 철통에 가까웠지만 소설은 완전히 달랐다. 그건 우연이 아니었다. 당시의 소설들은 사람들에게 완결된 형태를 박차고 나올 수 있는 가능성을 전달했다. 막스 프리슈(Max Frisch)의 1954년

작품 《슈틸러》의 첫 문장 "나는 슈틸러가 아니다!"를 통해 유명해졌던, 바로 그 역할 놀이의 시대가 시작되었던 것이다.

나는 누가 아닌가? 나 아닌 누구일 수 있을까? 그것들은 그저 표제어에 불과했다. 팽창과 유례없는 성장, 괄목할 만하지만—지금 우리는 알고 있듯—일시적으로는 마지막이던 출산 붐의 세계에서 그것들은 생활 스타일, 소설 스타일, 유행 스타일, 자신의 형식과 역할 정체성의 다원주의에 핵심적인 자극을 제공했다.

뒤에서 상세하게 설명하겠지만, 행동의 변화는 과거 세대가 생각하여 다음에 이어지는 세대가 실천에 옮기는 것이다. 1950년대에 성장한 아이는 이런 역할들을 현실적으로 실천할 수 있는 모든 기회를 부여받았다. 20세기의 《가족사》 편람은 1947년에 태어난 한 남자의 사례를 말해주고 있다. 그는 50세가 될 때까지 당시 유행했던 사회학적 유형에 따라 최소 13가지 다른 형태의 생활 방식을 체험했다. 그 중에서 몇 가지 단계를 살펴보면 다음과 같다.

- 비독점적 관계
- 비혼인 생활 공동체
- LAT족

(Living Apart Together 떨어져 살면서, 그러나 때로는 함께하는 방식)

– 핵가족

– 독신생활, 잠정적인 편부모 가족

– 싱글

– 연속 LAT족(한 쌍이 두 집을 왔다갔다 하면서 지내는 방식)

– 연속 비혼인 생활 공동체

– 싱글

– 시설[47)]

그럼 요즘에는 어떠할까? 복지국가의 위기와 가족의 해체가 작가들의 감성을 일깨우고, 도처에서 문학적 가족이 창조되고 있는 광경을 지켜보는 것은 숨막히는 일이다. 때로 작가들은 실종된 가족을 재구성하기 위해 유일하게 남아 있는 한 인물, 형제, 할아버지에게 집착한다. 이 작가들 중 몇몇은 낭만주의 작가들을 떠오르게 한다. 자신들을 지켜주던 세계가 몰락하기 전 동화를 수집했던 그림 형제처럼, 이들 역시 사라져가는 가족의 소재를 수집한다. 과거의 가족보다 더 낫지도, 그렇다고 더 못하지도 않은 가족들이다. 어떤 작가들의 경우 직접적 친족 간의 화해가 벌써 지평선에 떠오르고 있기는 하지만 말이다. 이 가족들은, 거의 남아 있지 않는 것을 키워보려는 실험처럼 온실 속에 모셔둔 듯한 인상을 풍긴다.

다수가 1970년생인 독일 작가 세대는 낮은 출산율의 배경 속에서 일생을 보냈고, 낮은 출산율과 더불어 사회화되었다. 이들은 무의식적으로 결핍 속에서 성장했고 가족, 형제, 또래 친구와의 교류가 날로 부족해질 자원이라는 사실을 체득했다. 그리고 자신이 태어난 가족이 희생정신의 원천이라는 사실을 알고 있다. 그러므로 이 세대에게는 가정을 일구고 싶은지에 대한 질문이 신중한 계산의 문제인 것은 지극히 당연한 일이다.

한 사람은 다섯 개의 낮은 계단을 올라야 하고, 다른 사람은 그 다섯 계단을 합친 것과 같은 높이의 계단 하나만 오르면 된다. 전자는 계단 다섯 개는 물론이고 백 개, 천 개…… 더 많은 계단을 오를 것이며, 아주 고단하고 위대한 삶을 살게 될 것이지만, 그에게 자신이 오른 계단은 후자가 온 힘을 다해도 오를 수 없는 그 첫 번째 높은 계단 하나, 오르지 못함은 물론 넘어가지도 못하는 그 계단 하나가 갖는 의미와는 전혀 다른 의미를 가졌을 것이다. 결혼을 하고 가정을 꾸리고 태어난 아이들을 이 불안한 세상에서 지켜내는 것, 나아가 약간 이끌어준다는 것은 한 인간이 이루어낼 수 있는 최고의 업적이라고 나는 확신한다.

—프란츠 카프카[48]

햄 : 왜 날 낳았어요?

네그 : 알 수가 없었지.

햄 : 뭘 알 수가 없었다는 거죠?

네그 : 네가 이럴 거라는 것.

—사뮈엘 베케트[49]

아버지, 어머니, 아들들, 딸들, 농지와 집, 하인과 가재도구. 이것
은 복혼을 통해 어머니 자체가 사라지지 않는 곳이면 어디서나 가
정을 구성하는 자연 원소들이다. 하지만 높은 문화 능력을 갖춘
국민들이 서로 갈라지는 지점은 이 자연의 대립들을 더 피상적으
로 해석하느냐, 더 깊이 있게 해석하느냐, 더 도덕적으로 해석하
느냐, 더 법적으로 해석하고 연구하느냐 하는 데 있다. 그 어떤 민
족도 자연이 직접 확정해둔 법적 상황을 로마 인들보다 더 단순하
게, 그러면서도 더 가차 없이 실행에 옮긴 민족은 없다.

—테오도르 몸젠[50]

네 사람으로 구성된 두 그룹이 종(縱)으로 배치되고, 각 그룹은 그
안에서 엄격한 계급으로 나뉘어져 있다.

아버지와 어머니

아들들과 딸들

농지와 집

하인과 가재도구

그런 투명한 배치가 자연의 의지에 부합한다는 속삭임은 여기 19세기 독일 시민계급의 가족들이 흘려들을 수 없도록 충분히 분명하게 전달되고 있다. 헤겔이 비극에 담긴 가족의 분노와 반항에 무심했던 것처럼, 몸젠은 네 사람으로 구성된 그룹들의 기하학에 심취하여 자신의 글을 통해 분명하게 전달되고 있는 극단성과 비인간성을 보지 못하고 있다.

– 페터 폰 마트[51)]

누가 누구에게
불이익을 주는가?

그들은 도착하여 작은 방으로 짐을 옮겼고, 학기가 시작되었다. 모두 전도유망한 젊은 대학생들로 평균 연령은 18세에서 22세 사이였고, 아직 인간의 선(善)을 믿는 나이였다. 그들은 미국 최고 명문으로 꼽히는 코넬 대학교에 이제 막 등록을 한 참이었다. 새로운 인생이 기다리고 있었으며, 세상에 흔들리지 않고 세상을 바꾸어 나가리라고 확신하고 있었다.

대학교의 게시판에 강의 안내문이 나붙자 그들은 세 종류의 강의에 등록했다.

첫 번째 그룹은 천문학 기초 과정으로, 현실과는 약간 동떨어진 한적한 분위기였다. 따라서 그 강의를 신청한 학생들은, 주 관심이 경제학이라는 점에서 아주 유사했던 나머지 두 그룹의 학생들과는 차이가 났다. 물론 이들 두 그룹도 가르치는 내용은 아주 상이했다.

두 번째 그룹은 마오쩌둥 시대 중국의 경제사를 공부했다. 가르치는 교수가 공산주의에 호감을 가진 사람이었다.

세 번째 그룹은 주류 경제학 입문을 수강했다. 경제학자인 강사는 산업체, 증권, 경제학적 맥락에서 살펴본 게임이론에 특히 관심이 많았다.

여기까지가 1990년대 초 유명한 경제학자 로버트 프랭크(Robert Frank)—그의 저서는 진화심리학에서 인간 협동에 관한 중요한 깨달음을 선사했다—가 실제로 코넬 대학교에서 실시했던 실험의 조건이다.[52]

세 그룹 모두에게 선택한 강의와 관계없이 두 종류의 설문지를 주었다. 하나는 학기 초에 작성하고, 나머지 하나는 학기 말에 작성하는 것이었다. 설문지 내용은 다음과 같았다.

작은 컴퓨터 가게 주인이 컴퓨터 10대를 주문했다. 그런데 컴퓨터가 도착하고 보니 판매 회사에서 10대를 보내놓고 계산서에는 9대

값만 청구했다. 가게 주인에게는 두 가지 가능성이 있다.

1. 판매 회사에 실수를 알리고 정정한 내용의 계산서를 요청한다.
2. 계산서에 적혀 있는 금액만 지불한다.

발생할 수 있는 최악의 상황은 계산서에 적힌 금액만 지불했는데 나중에 판매 회사에서 실수를 알아차리고 나머지 1대 값을 청구하는 경우이다. 하지만 이런 경우는 거의 희박하다.

그렇다면 가게 주인이 판매 회사에 실수를 지적할 확률은 얼마나 될까?

만일 여러분이 가게 주인일 경우 판매 회사에 잘못을 지적하고 정확한 청구서를 보내달라고 부탁할 확률은 어느 정도인가?

천문학과 중국 경제사 수업을 들은 학생들은 대부분 학기 초나 학기 말 모두 정직했다. 가게 주인이 잘못을 지적하리라고 믿었고, 자신이 가게 주인이라도 똑같이 행동했을 것이라고 대답했다. 학습 경험이 도덕적 감각에 아무런 손상을 주지 않은 것이다.

하지만 경제적 사고의 기초 지식을 습득한 세 번째 그룹은 학기가 흐르면서 인간의 선에 대한 믿음을 잃어버렸다. 학기 말이 될 때까지 가게 주인이 정직하지 못한 행동을 감수할 것이라는 대답이 증가했다. 자신이 가게 주인이라면 정직하지 않을 것이라고 응답한 비율 역시 마찬가지로 높아졌다.

대학생들의 의식 변화를 드러낸 이 유명한 실험은 수많은 논쟁을 불러일으켰다. 학자들은 너무 과도한 경제적 사고가 인간을 철면피로 만들지도 모른다고 했다. 또한 경제적 사고가 사회적 불신을 훈련시키는 것은 아닌지 우려를 표했다.

하지만 대학생들의 도덕적 변화를 불러온 동기가 탐욕만은 아니었다. 그렇게 생각하기에는 컴퓨터 1대로 얻을 수 있는 '보너스'가 너무 적었다. 그들은 강의를 들음으로써 인간의 교환 관계가 어떻게 작용하는지를 배웠고, 그를 통해 나름의 결론을 끌어냈다. 도덕적으로 말해 자기 이익의 최대화가 중요한 것이 아니라, 자신을 불리한 위치로 몰아넣지 않는 것이 더 중요하다고 보게 된 것이다.

이런 실험 결과는 딜레마를 설명해준다. 도덕적으로는 옳지만 다른 사람들이 하지 않는 일을 할 만큼 내가 어리석다면, 다른 사람들이 얻는다는 사실만으로도 이미 잃어버리는 것은 아닐까?

이것을 자식에 적용해보면 다음과 같은 질문이 나올 것이다. 자식들을 먹여 살리는 사람은 자기 자신만 먹고사는 사람에 비해 불이익을 당하는 것은 아닐까? 자본을 축적하거나 소비하기는 하지만—우도 디 파비오의 표현을 다시 한번 인용하여—
'시스템을 유지하기' 위해서는 아무것도 하지 않는 사람들까지
내 자식이 먹여 살려야 하는 것이 아닐까?

아이를 낳겠다고 생각하는 사람은 우선 자기 자신을 생각해
야 한다. 그럼 그 사람이 자식을 낳기도 전에 이미 이타적일 수
밖에 없는 사람이라는 계산이 나오고, 이것이 바로 계산의 역설
이다. 그 사이 자식을 갖지 않음으로써 얻을 수 있는 물질적·
사회적 이익이 남녀를 불문하고 너무나 커져버린 것이다.

아이를 낳겠다는 마음의 경제화는 우리 시대의 결과물이 아
니다. 자식으로 인해 가난해지고 사회적으로 신분이 추락될 위
험은 이미 19세기 초부터 중대한 주제였다. 미국 대통령 루스벨
트(Theodore Roosevelt)가 1903년 시민계층에게 이기주의를 버
리고 자식을 더 많이 낳으라고 촉구하자 저명한 잡지 《노스 아메
리칸 리뷰》에 네 자녀를 둔 한 아버지가—그는 '가장(Pater-
familias)'이라는 가명으로 자신의 정체를 숨겼다—대통령에게
이런 답신을 실었다.

"자식 키우는 데 비용이 한 푼도 안 든다고, 그건 다 투자라
고 말들 합니다. 하지만 그런 주장은 터무니없습니다. 아기는
어른들을 구속합니다. 그 결과 엄마 아빠는 아기가 태어나자마
자 자신을 가족의 제단에 바칠 수밖에 없습니다. 안락한 생활은

사라지고, 심지어 엄마들은 자식에게 고통을 주지 않기 위해 생활에 꼭 필요한 것들까지 포기해야 합니다. 오늘날 젊은 부부들은 익숙해진 것들을 포기하고 싶어하지 않습니다. 옷 잘 입는 법을 알고, 비싼 유흥거리, 극장, 콘서트 등 지금까지 인생에 의미를 부여했던 모든 것들을 누리고 삽니다. 높은 교육 수준을 자랑하는 사람들, 아니 교육을 제대로 받지 못한 사람들까지도 자식은 한두 명이면 충분하다고 생각합니다."[53]

자녀를 양육하는 데 돈이 너무 많이 들 것이라는 우려가 실제 출산율 하락으로 이어졌을까? 만일 그렇다면 왜 그 시기가 하필이면 지난 세기의 후반기였을까? 1970년에서 1990년 사이 독일 연방공화국은 지구상에서 가장 부유하고 안정되며 안전한 국가 중 하나였다.

1960~1970년대에 태어난 세대는 지금 세대와 달리 전도유망한 미래의 비전을 품고 있었다. 이 세대가 자식을 낳지 않은 이유가 정말로 경제적 비용 때문일까?

자식을 낳지 않는 이유는 자신만 불이익을 당할지 모른다는 두려움 때문이었다. 1965년의 상황을 보면 아이를 낳은 사람들이 아이를 낳지 않은 사람에 비해 생활 수준이 낮았다.

"1955년에서 1965년까지 출생률이 높았던 10년 동안 부모들의 평균 구매력 차이를 살펴보면 1965년 2~3인 가족의 평균 실질 구매력이 오늘날 사회보조금을 지급받는 2~3인 가족의 구매력에 해당한다는 사실이 드러난다. 1965년 4인 가족의 실질 구매력은 오늘날 사회 보조금을 지급받는 4인 가족의 구매력보다 낮았다."[55]

하지만 아직 자녀가 있는 가족이 주를 이루었던 당시에는 자녀가 없는 가족의 인구가 소수에 불과했고, 상대적으로 전통적이었던 1950년대와 1960년대 초의 가치관 속에서 이들이 선택할 수 있는 생활권은 그리 많지 않았다. 하지만 지금은 다르다. 어떤 이유에서건 무자녀를 선택한다 해도 그것은 오직 개인의 문제이다. 그런데 오늘에만 사로잡힌 사회는 그로부터 불균형을 만들어낸다. 자녀가 없는 것이 이윤 최대화의 방법처럼 보이는 것이다. 그것은 잠재적 부모들에게 이타적 행동방식을 강요한다. 헤르비히 비르크(Herwig Birg)의 말대로, 이 사회에서 아이들 덕분에 물질적으로 이익을 보는 사람은 자식이 없는 사람들뿐이라는 깨달음을 안고 살아가야 하기 때문이다.

사회가 개인들에게 얼마나 이런 교훈을 강요하고 있는지, 지난 몇 십 년 동안 우리는 직접 체험할 수 있었다. 코넬 대학교 학생들보다 기간이 조금 더 걸렸을 뿐이다. 강의가 진행되는 동안 절반이 자식에 대한 견해를 바꾼다. 날로 이기심이 더해가기 때문이 아니라, 새로운 경험을 했기 때문이다. 그리하여 비용효율 계산서를 작성해보면 자식은 항상 최소가 되도록 만들어놓았다. 하지만 오래전부터 이 계산서는 도덕적 성격을 띠고 있다. 법학자 파울 키르히호프(Paul Kirchhof)가 말했다.

"평범한 경우 자식이 있는 부부는 자식에 대한 교육의 의무를 다하기 위해 부모 한쪽의 경제활동을 포기해야 하고, 그 수

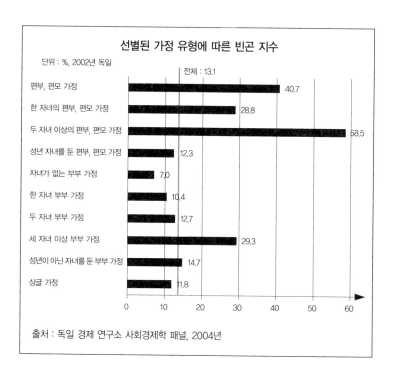

선별된 가정 유형에 따른 빈곤 지수

단위 : %, 2002년 독일

전체 : 13.1

편부, 편모 가정	40.7
한 자녀의 편부, 편모 가정	28.8
두 자녀 이상의 편부, 편모 가정	58.5
성년 자녀를 둔 편부, 편모 가정	12.3
자녀가 없는 부부 가정	7.0
한 자녀 부부 가정	10.4
두 자녀 부부 가정	12.7
세 자녀 이상 부부 가정	29.3
성년이 아닌 자녀를 둔 부부 가정	14.7
싱글 가정	11.8

출처 : 독일 경제 연구소 사회경제학 패널, 2004년

입과 연금청구권을 포기해야 하는데도 자녀 양육에 드는 비용
을 부담해야 한다. 반면 자녀가 없는 부부는 2배의 수입과 연금
청구권을 누리며, 한쪽이 먼저 사망할 경우 수입과 연금청구권
이 누적된다."[56]

　　그 동안 우리 사회는 '자식 투자'가 거두어들일 수 있는 가
치, 즉 자식들이 창조하는 사회자본을 등한시해왔다. 아이들이
존재한다는 그 자체만으로도 서로 적대적이었던 다수의 사람들

을 결합시킨다. 물론 지난 세기와 달리 아이들을 값싼 노동력으로 투입할 수는 없기 때문에 아이들이 직접적인 경제적 기능을 하지는 못한다. 하지만 향후 아이들의 사회적 '가치'는 비약적으로 상승할 것이다. 20살 이하 인구가 절반으로 줄어들기(1,770만에서 970만 혹은 그 이하로 줄어들 것이다) 때문만이 아니라 수축하고 있는 사회에서 아이들은 무엇과도 바꿀 수 없는 중요한 존재이기 때문이다.

▌누가 누구의
▌용기를 꺾는가?

잠재적 부모들, 이들 신세대의 프로그램은 오래전에 변경되었다. 그들보다 나이가 많은 형제 자매들의 경제적 타산과는 아무 상관이 없다. 그들은 이미 다른 방식으로 사회화되었다. 유럽에서 실제 출생률뿐 아니라 원하는 자녀 수까지도 두 명 이하가 된 것은 처음이다. 출생률은 물론 희망 자녀 수조차 현재 인구를 유지하는 데 필요한 수준을 밑돌게 된 것이다.

아이들이 살지 않는 곳에서는 태어나는 아이의 숫자도 줄어든다. 빈 대학교의 마리아 리타 테스타(Maria Rita Testa)와 레오나

르도 그릴리(Leonardo Grilli)는 현 상황을 이렇게 정리했다.

"자녀가 없는 부부의 비율이 높으면 자식을 낳지 않겠다는 젊은이들의 숫자도 늘어난다." 따라서 희망 자녀 수도 앞 세대가 출산한 자녀 수에 달려 있다. 거꾸로도 그 논리가 통한다. "출생률이 높을수록 젊은 (미래의) 엄마 아빠는 더 많은 자녀를 원한다."[57]

아이들은 실제 현실이건, TV 속 현실이건 보고 자란 사람들에게서 배운다. 하지만 이런 학습 과정이 얼마나 직선적인지를 알고 있는 사람은 거의 없다. 주변에서 같이 자란 아이들이나 친족이 적을수록 아이들을 잊어버리는 속도도 더 빠르다.

사회학자 한스 베르트람(Hans Bertram)은 인터뷰에서 이렇게 말했다.

"젊은 성인들의 희망 자녀 수가 급격히 줄었습니다. 스웨덴이나 덴마크에서는 아이를 많이 낳을 뿐 아니라 원하는 자녀 수도 많은데 말입니다. 눈에 띄게 차이가 납니다. 이는 냉정하게 말하면 가족과의 결별일 뿐 아니라 미래와의 결별이기도 합니다. 자식을 포기한 사회는 미래를 포기합니다. 앞으로 30년을 더 산다고 본다면, 자식이 없다면 30년 후에는 모든 게 끝장이니까요."[58]

우리에게 캐치(catch) 22 상황 다른 어떤 일을 완료하기 전까지 이다이 발생한 이유도 바로 그 때문이다. 아이를 갖기 위해서는 아이들이 자라는 모습을 봐야 하며, 아이들을 사랑하기 위해서는 아이들을 몸으로 체험해야 한다. 또한 아이를 원하기 위해서는 아이들이 태어나기 전에 아이들을 사랑해야 한다. 이는 〈아이에 대한 애정은 언제 자녀의 출산으로 이어지나?〉라는 제목의 혁신적 연구[59] 결과에서도 확인된 사실이다.

이 연구는 독일과 남미 출신의 여러 학자들이 독일, 카메룬, 코스타리카 등 전혀 다른 세 문화권을 비교한 것이다. 이 나라들을 선택한 이유는 현대의 독일 사회, 아프리카의 부족 사회, 사교성이 좋은 남미의 생활 형태 등 다양한 가족관 레퍼토리를 전부 포함하기 때문이다. 학자들은 어떤 무의식적 전제 조건이 자녀 출산을 촉진시키는지, 이 조건이 항상 동일한지를 밝혀보려는 의도였다.

학자들의 예상과는 달리 문화적 차이가 자녀의 출산에는 거의 영향을 미치지 않았다. 그러나 자녀에 대한 시각은 응답자에게 동생이 있느냐에 따라 달라졌다.

자식에 대한 애정과 배려는 형제 자매의 환경에 따라 달라지며, 어린 시절 동생과의 관계가 성인이 되어 자식에 대한 애정을 높이고 희망 자녀 수를 늘린다는 사실이 밝혀졌다. 형제 자

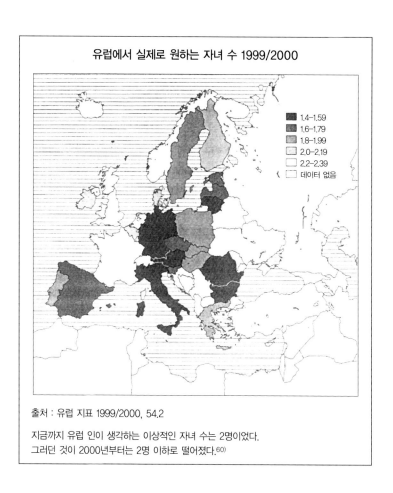

유럽에서 실제로 원하는 자녀 수 1999/2000

- 1.4–1.59
- 1.6–1.79
- 1.8–1.99
- 2.0–2.19
- 2.2–2.39
- 데이터 없음

출처 : 유럽 지표 1999/2000, 54.2

지금까지 유럽 인이 생각하는 이상적인 자녀 수는 2명이었다.
그러던 것이 2000년부터는 2명 이하로 떨어졌다.[60]

매의 숫자는 훗날 성인이 되어 출산한 자녀의 숫자를 암시할 뿐
아니라, 동생을 통해 사회적 · 이타적 행동이 학습된다는 사실
이 3개국 모두에서 동일하게 확인되었다. 문화가 암묵적 · 친사
회적 행동에 미치는 영향의 62%는 형제 자매 효과에 기인한다

는 것이 연구팀의 결과였다.[61]

따라서 자녀를 원하기 위해서는 아이들과 대면해야 할 필요가 있다. 바로 다음 세대의 전형적인 대도시 아이는 또래 친구는 물론이고, 전통적인 가족 역시 체험할 기회가 날로 줄어들 것이다.[62] 아이를 보는 횟수가 적을수록 아이를 바라는 마음도 현격하게 줄어든다. 그리고 출산 자녀 수가 줄어들수록 우리 사회에서 차지하는 이타적 혹은 도덕적 경제학의 몫도 줄어들 것이다.

따라서 태어나지 않은 아이들, 존재하지 않는 아이들이 그들의 부재를 통해 무시하지 못할 세력이 되어버렸다. 한 세대 전만 해도 순수하게 경제적 동기를 따랐던 행동방식들을 이들이 바꾸고 있다. 1970, 1980, 1990년대만 해도 많은 사람들이 경제적인 이유나 수명, 출세를 고려하여 자녀 출산을 시기적으로 미루었을 뿐이지만, 오늘날의 아이들, 즉 미래의 부모들은 변화된 환경, 아이가 부족한 환경의 영향을 점점 더 많이 받게 될 것이다.

어쩌면 우리는 자식과 친족에게 사랑과 배려를 베풀 능력이 없는 사람들이 늘어나는 사회를 만들고 있는 중인지도 모른다. 이런 애정 결핍이 이미 상당히 진행되었다는 사실은 대가족—

그러니까 돈너 계곡의 열악한 조건에서 생존을 가능케 하는 가족의 크기—에 대한 사회의 낙인에서도 드러난다.

사회의 편견이 가족에게 얼마나 파괴적인 영향을 미치는지는 두 사람의 미국 여성 심리학자 칼라 뮐러(Karla Mueller)와 제니스 요더(Janice Yoder)가 실시한 연구 결과에서도 여실히 드러났다.[63] 희망—희망하는 가족도 포함하여—의 일차적 동기는 경제가 아니다. 희망 사항을 들은 주변 사람들이 어떤 표정과 도덕적 판단을 내리느냐에 따라 완전히 달라진다. 사람들은 체면이나 위신을 신경쓰지 않을 수 없는데, 이는 자동차와 옷에만 해당되는 것이 아니다.

대가족을 꾸린 여성에게 우리가 어떤 표현을 사용하고 있는지, 이런 표현이 아이들에게 어떤 영향을 미치는지 알고 나면 놀라지 않을 수 없다. 친구, 이웃, 부모, 특히 TV의 가상 역할 모델들이 행사하는 사회적 압력은 아이에 대한 유전적 적대감의 원천이 되고, 이 적대감은 다시 아이들 자신에게로 전달되면서 악순환이 되풀이된다. 가난하고 거짓말을 밥 먹듯이 하며, 멍청하고 범죄의 유혹에 쉽게 빠지는 데다, 집단 적응력이 떨어지고 장애가 있다는 것이 대가족 출신의 아이들과 그 부모들에 대한 평가이다.

조사 결과 2명 이상의 자녀를 둔 어머니들은 자녀가 없는 부부와 똑같이 경멸적이고 나쁜 평을 듣고 있었다. 양쪽의 근본적인 차이점은, 아직 인생을 시작하지도 않은 아이들이 미리부터 인생 낙오자 취급을 당하고 있다는 사실이었다. 이런 이중의 낙인은 해당 어머니에게 죄책감을 주며, 이는 다시 대가족 출신 아이들의 자화상에 영향을 미친다.

세 자녀 이상을 낳은 어머니의 70% 정도가 아이들에게 충분한 사랑을 주지 못할 것이라는 주변의 걱정을 들었노라고 말했다. 나아가 집 안은 엉망진창이며, 아이들은 원치 않은 임신이고, 어머니는 어리석거나 가톨릭 신자이며, 야심이라고는 찾아볼 길 없고, 늘 골골거리며 방치 상태에 있을 것이라는 말들을 들었다고 한다. 또 응답자의 70%는 의외로 그들이 타락했거나 가난한 인상을 풍기지 않는다는 사실에 방문객이나 주위 사람들이 너무나 놀라워했노라고 대답했다.[64]

모든 정황으로 미루어 이런 연구 결과는 독일에도 적용이 가능하다. 대가족에 대한 부정적 발언들이 중상모략이라는 것은 굳이 지적할 필요도 없는 사실이다. 이런 발언들은 명예를 훼손시키고, 철통 같은 사회 자산의 비축분을 공격한다. 또한 지금 세대는 물론이고, 다음 세대까지도 입원 치료를 요하는 중증 환자들로 만들어버린다. 그리고 이런 발언들은 이타적 행동과 봉사하려는 마음을 파괴시킨다.

가 족

자녀의 소멸에 관한 혁명적 가설

공동체가 자발적으로 후손의 숫자를 줄이겠다고 하는 것은 진화의 법칙에 어긋난다. 모든 생명체의 관심은 자신의 유전자를 널리 퍼뜨리는 데 있기 때문이다. 진화심리학은 호모 사피엔스가 따르고 있는 세속적 트렌드를 감안하여 후손의 포기를 설명하기 위한 테제를 만들었다.[65]

1. 경쟁이 심한 사회에서는 자녀를 적게 낳아 키우는 것이 유리하다. 자녀가 최대한 성공할 수 있도록 부모에게 간접적으로 요구하는 사회에서 부모는 자녀를 많이 낳아서 적게 투자하기보다는, 자녀를 적게 낳아서 많이 투자하는 쪽을 선택한다.

2. 출산율 감소는 다윈주의 유산의 결과지만, 유전적 유산이 아니라 문화적 유산의 결과다. 한 사회에서 크게 성공한 개인의 특징—자녀의 숫자가 적거나 없다는 특징—을 다른 사람들이 모방하는 것이다. 이는 한 사회의 문화가 유발한 진화 과정이 아니라, 희망 자녀 수의 문제에서 TV와 언론 매체가 행사하고 있는 권력을 입증하고 있다. 또한 다른 아이들을 보지 못하고 성장한 아이들이 훗날 자녀를 적게 출산하는 이유도 더불어 설명이 된다.

3. 개인이 도저히 따라갈 수 없을 정도로 급속하게 진행되는 환경 및 사회 변화의 부산물이다. 오늘날 현대인이 처한 사회적 · 경제적 · 정치적 · 환경적 조건의 급격한 변화는 진화가 인간에게 제공한 메커니즘으로는 더 이상 적절하게 반응할 수 없다. 그 결과는 심각한 부적응이다.

40년 동안 남녀 사춘기 청소년들의 발전을 추적해보았다. 청소년기의 인성 특징이 훗날 부모가 된 후 얼마나 영향을 미치는지, 특히 성인이 되어 가정을 꾸릴 수 있는 능력과 어떤 관계가 있는지 밝히려는 의도였다. 예를 들어 청소년 시절 사교성이 좋고 결단력이 뛰어나며 죄의식이나 권력 의식이 강했다면, 훗날 가정을 꾸릴지의 여부와 얼마나 상관 관계가 있을까?

물론 이 조사로부터 원인과 결과의 법칙이 만들어진 것은 아니다. 하지만 청소년기의 정신적·도덕적 특성과 훗날의 이력 사이에 연관 관계를 발견할 수 있었다.

그런데 특이한 점은 14세 남자아이들의 성격과 태도는 연관 관계를 확인하는 데 아무런 도움이 않았다는 사실이다. 이런저런 아이가 자라서 이런저런 가정을 꾸리게(혹은 가정을 꾸리지 않게) 되는 이유를 발견하지 못했다. 그런데 여자아이들의 경우는 달랐다. 버클리 대학교의 심리학자 노먼 리브슨(Norman Livson)과 데이비드 데이(David Day)는 놀라움을 금치 못했다.

"가장 눈에 띈 점은 사춘기 때의 지능과 훗날의 가족 규모 사이에 연관 관계가 있다는 사실이다. 교육이 대가족의 형성으로 이어지는 경우가 많았다."[66]

성인이 되어 대가족을 꾸린 여성들은 사춘기 시절 지각 있고 책임감이 강하며 미적 감각이 뛰어나고 감성적이었지만, 사춘기 때부터 자신을 남들보다 여성적이지 않으며 자의식이 아주 강한 사람이라고 생각했다.

학자들이 보기에 이 여성들은—자녀가 많아서 오명을 썼다고 느꼈던 앞의 여성들과 달리—자신의 정신적·창조적 능력을 친족의 네트워크 건설에 활용하려고 했다.

자료의 내용이 이렇게 서로 모순되는 상황에서 과연 실수는 어느 쪽에서 하고 있는가? 한편에서는 다산(多産) 가정의 여성들이 반사회적 존재로 취급당하고 있다고 하소연하는데, 다른 쪽에서는 지성적인 여성들이 대가족으로 몰려가고 있다는 것이다.

대답은 달력에 있다. 이 버클리 대학교 연구 결과의 발표 시점은 1977년이었고, 거의 한 세대가 지난 지금의 입장에서 볼 때 가히 예언적이라 할 만한 진단을 담고 있다.

"우리가 조사한 남녀는 1920년에서 1930년 사이에 태어났고, 1940년에서 1950년 사이에 자녀를 낳았다. 이 자녀의 대부분은 전 세계적으로 인구 과밀 경보가 울리기 전, 피임약과 피임기구의 사용이 당연하게 생각되기 전에 태어났다. 모두가 사회적·성적 역할의 발전이 있기 전에 사회에 적응한 세대였던 것이다."[67]

이 학자들이 연구 대상으로 삼았던 1920년생 여성들은 가족이 없으면 어른이 될 수 없다고 생각했던 사람들이었다. 물론 그들도 1930년대 말부터 외부 세계가 그들에게 가족 없는 성장의 기회를 박탈했다고 투덜댔지만 정작 그 결과에 대해서는 자각하지 못했었다.

1970년생 여자 아이들은 달랐다. 현재의 성인 여성인 그들의 인터뷰 내용은 연구서 맨 끝자락에 가서야 등장하고, 그마저 사회가 이제 만회하기 시작한 과거의 인사처럼 읽힌다.

"1970년에 태어난 재능 있는 처녀들은 지금 어떻게 되었을까? 여기서 우리의 연구 결과는 전혀 다른 결말로 이어진다. 재능 있는 여자아이가 향후에도 대가족을 원할 것이라 기대할 수 없기 때문이다. 그녀를 향해 현실 세계가 문을 열었다. 이 반대의 길을 계속 걷다보면 출산은 물론 결혼 자체가 정말 매력을 잃어버린 인격 발달의 옵션이 될 것이다. 그 말이 맞다면 지성적 여성은 앞으로 소규모 가족을 꾸리게 될 것이다."[68]

국채의 파급 효과는 3세대 후까지 영향을 미친다. 출산율 급감의 파급 효과도 마찬가지다. 현재 아동 세대의 정서 변화는 이미 고착화되었다. 원하는 가족의 크기가 한 자녀로 계속 줄어들고 있는 것이다. 이들 차세대들이 지금 이 순간 TV 앞에, 유치원에 혹은 학교에 앉아 돌이킬 수 없는 세뇌를 받고 있다. 거기 있는 것을 통해, 그리고 거기 없는 것을 통해.

태어난 적 없는 사람이 부족하다는 것이 무엇을 의미하는지 어떻게 파악할 수 있을까? 몇 년 전부터 이런 무(無)에 대한 보도들이 등장하고 있다. 그것도 태어나지 않은 사람들이 태어나지 않음으로써 시장을 변화시키고 있는 곳에서.

처음에는 유아 산업과 장난감 산업만 타격을 입었다. 그 다음으로 유치원에서 문제가 발생하더니, 1990년대 말이 되자 점점 확산되어 학교에까지 발을 뻗었다. 2020년까지 학교는 약 20%가 줄어들 것이다. 그러고 나면 청년층의 부재로 인해 대학과 기업에까지 여파가 파급될 것이다.

문제는 이들 젊은층의 감소에서 끝나지 않는다는 점이다. 국가의 도덕적·정신적 경제학에서도 젊은층이 부재한다. 한 번도 없었던 것의 부재를 설명하기란 힘들다. 형제 자매, 가족, 친구를 그리워할 수는 있다. 심지어 한 번도 형제나 자매를 가져 보지 못했다는 사실을 아쉬워할 수도 있다. 하지만 태어난 적 없는 사람을 애도한다는 것은 불가능하다. 그러므로 부재를 깨닫는 곳은 부재를 보충해야만 하는 곳뿐이다.

"지난 몇 년 동안 이탈리아에서는 특이한 현상이 일어났다. 집에서 기르는 고양이와 개의 숫자가 급증한 것이다. 애완동물 사료를 생산하는 다국적 기업이 이탈리아에서 호황을 누렸다. TV를 켜도 온통 개 사료, 고양이 사료 광고뿐이다. 이것은 사람들이 돌봐줄 수 있는 것이 없다는 의미이다. 그것이 고독의 문제라는 것을 사람들도 서서히 깨닫게 될 것이다. 사람들은 고독하다고, 군중 속에 있어도 고독하다고 느끼고 있다."[69]

다른 말로 표현해보면, 사람들은 성급하게 고독을 느낀다. 적어도 많은 나라들에서는 군중이 있는데도 말이다. 군중에게 아직까지 변화의 힘이 있는데도 말이다. 하지만 군중이 없다면 어떻게 될까? 군중이 없었더라면 차우세스쿠가 실각했을 당시 루마니아에서 어떤 일이 벌어졌었을까?

미국의 경제학 교수 스티븐 레빗(Steven Levitt)과 《뉴욕타임스》 기자 스티븐 더브너(Stephen Dubner)는 《괴짜경제학》에서 이런 상상 놀이를 적용한 사례를 언급했다.

1966년 독재자 니콜라이 차우세스쿠는 낙태를 불법으로 선언했다. 그때까지 루마니아에서는 자녀 1명을 출산하면 4명까지는 낙태가 허용되었다. 낙태 금지를 선언한 이후 단기간 내에 출산율이 2배로 증가했다. 그런데 국가에서 그 많은 아이들을 제대로 돌보지 못해 아동복지시설이나 고아원에 수용했다. 하지만 그 시설들은 차우세스쿠가 실각한 이후에 서방 세계가 경악했을 정도로 상태가 열악했다.

이 아이들의 시간은 1989년이었다. 그러니까 차우세스쿠의 선언 덕분에 세상에 나온 세대의 최대 연장자가 23세가 되던 해였다. 레빗과 더브너는 이렇게 말했다.

"낙태 금지법은 차우세스쿠가 실각할 때까지 계속되었다. 12월 16일 서루마니아 도시 테메스바의 거리에서 수천 명이 부패한 정부에 반대하는 시위를 벌였다. 시위대의 상당수가 학생들이었다. 이들의 지도자 중 한 사람이었던 41세의 교수는 훗날 13살짜리 딸이 그에게 시위에 참가하라고 졸랐다고 말했다. '아이들이 우리에게 두려워하지 말라고 가르쳤다는 사실이 아주 흥미롭습니다. 그 아이들 대부분이 13살에서 20살 사이였지요.' 테메스바의 대학살이 끝나고 며칠 후 차우세스쿠는 부카레스트에 운집한 수십만 명의 군중 앞에서 연설했다. 이번에도 젊은이들이 용감하게 나섰다. '테메스바!', '살인자는 물러가라!' 같은 구호로 그들은 차우세스쿠를 무너뜨렸다.

소련이 붕괴한 후 몇 년 동안에 실각한 공산당 지도자 중에서 유일하게 니콜라이 차우세스쿠만이 폭력의 희생물이 되었다. 여기서 그의 실각을 이끈 층이 루마니아 젊은이들이었다는 사실을 간과해서는 안 된다. 그리고 그들 중 다수가 낙태 금지법이 없었다면 세상에 태어나지 않았을 것이라는 사실도."[70]

"새로운 세대는 새로운 두뇌이다." 고트프리드 벤(Gottfried Benn)이 말했다. 이 새로운 두뇌의 숫자가 너무 적어 부족해지면, 따라서 그들의 사고와 아이디어가 들리지 않게 되면 완전히 새로운 역학이 작동할 것이다. 태어나지 못한 사람들은 혁명에 불을 붙이지 않는다. 하지만 고령화 사회에서, 날로 수축되고 있는 사회에서 그들의 부재가 외치는 함성은 흘려들을 수 없을 정도로 크다. 태어난 적 없는 자식들의 태어난 적 없는 부모, 그들은 우리 사회에서 일어나고 있는 혁명의 선발대이다. 이슬람과 서방 세계의 갈등, '문화의 충돌'에까지 그들의 표제가 발견되고 있다. 우리 사회가 겪게 될 혁명에서는 몇 세대 만에 처음으로—혈통과 전통이 말라죽어버린 사람들과 남아서 뿌리를 내린 사람들의—패가 뒤섞일 것이다. 개인과 가족, 개인의 이념과—마찬가지로 사멸하여 후손의 모범이 될 일이 점점 드물어질—서구 가족의 이념이 섞이게 될 것이며, 여러 문화와 종교가, 서방 유럽 문화와 이슬람 문화가 뒤섞이게 될 것이다.

- 여성 1명당 평균 자녀 수가 1.3명인 현 독일 상황으로는 자녀 세대가 부모 세대를 대체하지 못한다.
- 실제 유럽에서 이민자 없이 인구 수를 유지할 수 있는 수준의 출산율에 도달한 국가는 하나도 없다.
- 부모들은 날로 고령화되고 있다. 1980년 서독 여성이 첫 아이 출산한 나이가 평균 27.1세였으나 1999년에는 28.9세였다. 동독의 경우 24.5세에서 27.5세로 늦춰졌다.

가 족

- 현재 서독에서 자녀 없는 여성의 비율은 약 25%로 세계 최고이다.
- 35세에서 39세까지 대학을 졸업한 서독 여성 중 38%가 자녀가 없다.
- 1955년생 여성의 22%가 자녀를 출산한 적이 없다. 프랑스는 8%이다.
- 대부분의 사람들이 행복의 가장 중요한 조건으로 배우자와의 금슬을 들었다. 자식은 여섯 번째를 차지했다.

누가 누구랑 결혼하나?

사랑의 결핍, 이것이 1970~1980년대 우리 사회에서 두드러진 첫 번째 현상이다. 그 시절 이후 많은 책과 잡지, 회의와 강연들이 사랑 없는 세상을 주제로 토론을 벌였고, '사랑의 기술'이라는 제목을 단 정신분석가 에리히 프롬(Erich Fromm)의 책은 몇 년 동안 전 세계적인 베스트셀러가 되었다. 이 책은 이타주의의 설교와 다를 바 없었다. 이는 훗날 그의 책 《소유냐 존재냐》에서도 계속되었다. 하지만 이런 이타주의는 사랑하는 연인들을 향한 것이었고, 그는 당시 사람들이 '관계의 작업'이라 불렀던 것을 작동시켰다. 당시 세대는 그 관계의 작업에 큰 매력을 느꼈다.

서구 사회 전체에서 사랑을 주제로 하여 대규모 부부 대화를 시작한 순간부터 태어나는 아이의 숫자가 날로 줄어들고 있다. 사랑의 기술은 번식의 기술이 아니었다. 섹스를 강조하는 외설적 영화와 사진의 승리 역시 번식의 승리는 아니었다. 그 결과 지금 우리가 살고 있는 21세기 초에는 '난 널 사랑해'라는 말조차 외국어로만 소통이 가능한 것처럼 보인다. 한 문화 전체의 열정과 깊이를 결정하는 이 간단한 문장 '널 사랑해'가 일정 정도의 친밀도에 이르는 순간 번역이 불가능해져버린 것이다. 이런 사실에 관심을 기울여야 하는 이유는, 지난 몇 십 년 동안 사랑 고백이 후손을 목표로 하는 모든 사회 관계의 상징적 기초가 되어버렸기 때문이다. 아이를 원하는 자는 결혼(혹은 상대적으로 안정된 관계)이 필요하고, 결혼을 원하는 자는 사랑이 필요하다.

이는 유럽과 문화가 다르고, 유럽 낭만파의 반대 사례로 잘못 인용되고 있는 사회에도 해당된다.

"중국 사람들도 미국 사람들처럼 결혼에 골인하는 결정적인 조건을 사랑이라고 생각한다. 또한 정열적인 사랑, 즉 성적 매력은 장기간의 결혼 생활을 유지시킬 수 있는 사랑 형태보다는 덜 중요하다고 보았다.”[71]

1960년대 초 사랑 없는 결혼이 가능하다고 생각했던 여성들에게서 이런 확신은 지난 40년 동안 확고한 자리를 잡았다.

얼마 전 미국에서 나온 한 연구서의 저자인 수잔 스프레처(Susan Sprecher)와 마우라 토토-모른(Maura Toto-Morn)이 말했다.

“모국어를 사용하지 않거나 두 가지 언어를 사용하는 사람들의 경우 ‘사랑해’라는 말을 모국어로 하는 것보다 영어로 하는 편이 더 수월하다고 느낀다. 아주 흥미로운 연구 결과였으나 그 이유는 아무도 모른다.”[72]

수입 영화 제목은 독일어로 번역하는 것을 관례로 하는 독일 영화 산업도 2003년 우디 알렌의 영화 제목을 ‘모두가 말한다. 아이 러브 유라고’로 붙임으로써 이런 주장의 타당성을 입증한 바 있다.

이 저자들은 뉴욕 대학교에 유학 중인 한 루마니아 여대생으로부터 이런 말을 들었다.

“지난 몇 년 간 상황이 아주 달라졌어요. 30년 동안 내가 ‘I love you.’라는 말을 들은 적은 TV에서밖에 없었어요. 그런데 미국에 오고 나서 아버지가 휴대전화 문자 메시지 끝에 꼭 ‘I love you.’라는 말을 남겨주시는 거예요. 엄마는 이메일에도 ‘I love you.' 라고 써서 보내고요. 우리 가족으로서는, 아니 우리 나라의 문화를 생각할 때 정말 엄청난 변화가 아닐 수 없어요. 그런데 이상하게도 같은 도시에 살고 있는 제 여동생한테는 엄마 아빠가 절대 그런 말을 하지 않거든요."[73]

이처럼 감정은 나날이 외국어로 전달되고 있다. 친한 사이에서도 사랑 고백은 모국어가 아닌 영어로 교환된다. 다음 구절, 미국에서 방송된 〈탱고 핀란디아(Tango Finlandia)〉의 한 장면은 이런 사실을 잘 입증해준다.

한 사회자가 핀란드에서 살고 있는 미국 여기자 슐츠와 핀란드의 문학비평가 존 크누타스, 유명한 핀란드 탱고 가수 아르야 코리세바와 사랑에 관해 이야기를 나누는 장면이다.

사회자 : 여기서도 사랑한다는 말을 하나요?

슐츠 : 아뇨, 절대 안 해요. 연인 사이에도 그런 말은 안 해요.

크누타스 : 평생에 한 번은 할 수 있겠네요. 20년 동안 결혼생활을 하다가 아내가 곧 숨이 끊어질락 말락 할 때 아내를 달래려고 한 마디하는 거죠. "사랑해!"

사회자 : (웃음)

크누타스 : 웃을 일이 아니에요.

코리세바 : 저도 남자친구한테 영어로 "I love you."라고 하

는 게 더 편해요. TV나 영화에서 자주 듣다보니 핀란드 어로 하는 것보다 훨씬 술술 나와요. 핀란드 어로 하면 왠지 듣기가 안 좋거든요.

사회자 : 핀란드 어로 하면 어색한 거죠.

코리세바 : 맞아요. 우리나라 사람들은 미국 사람들처럼 그런 말을 자주 안 하잖아요.[74]

'사랑의 외국어'에 대한 이 이야기는, 우리가 사랑이라 부르는 것의 물질적 의무감이 언어적으로는 이미 그 말의 문맥에서 떨어져 나가버렸다는 사실을 입증한다.

사랑, 이미 그 말은 제한 배급되어, 정작 사랑 고백이 가족의 형성으로 이어지는 진지하고 심각한 순간에는 사용되지 않는다. 후손을 목표로 하는 사랑은 인생의 위대한 예외적 순간이며, 위급한 사건이 되고, 이런 순간이 귀하고 희귀해질수록 그 순간의 파워는 막강해진다.

얼마나? 이에 대한 대답은 막스 플랑크 인구통계학 연구소의 박사과정 학생 하나가 동독의 30세 남성들을 대상으로 실시했던 선구적인 연구 조사[75] 결과를 통해 확인할 수 있다. 결과에 따르면 독신 남성들은 파트너가 있는 남성들에 비해 희망하는 자녀에 대해 훨씬 열정적이고 긍정적이며 적극적으로 이야기한다는 것을 알 수 있다. 반면 파트너가 있는 남성들은 자녀 출산은 물론이고, 현재 파트너의 적합성 여부에 대해서 의문을 제기하기 시작한다. 환상의 왕국에 귀를 기울이고 역할 놀이를 허용하는 동안에는 사랑이 위대하고, 유일하게 유토피아적인 순간에는 자식에 대한 희망이 크다.

하지만 생물학적 운명이 되는 순간 희망은 문제와 딜레마가 된다. 약간 과장해서 표현해보자면, 이 남성들 상당수가 독신인 동안에는 같이 살 적당한 여자만 생기면 당장이라도 아이를 갖고 싶어하는 남자의 역할을 즐긴다. 하지만 막상 여자가 생기면 자기 정의가 바뀐다. 홀거 폰 데어 리페(Holger von der Lippe)가 말했다.

"여성 파트너의 가족 지향성을 체득하고 이를 용인한 남성들은 더 이상 이 영역을 자기 정의에 받아들이지 않고 여성 파트너에게 '넘겨주었다'. 그러고 나면 안정된 관계의 '가족적 영역'에서 움직이기는 하지만, 아빠가 된 미래의 자기 자신에 대해서는 훨씬 거리를 둔 채 이야기했다."[76]

동독의 연구 결과, 상징적 사랑의 저편에서 일찍부터 자식을 낳기로 결심할 것이냐의 문제는, 젊은 남성의 경우 여성보다 훨씬 더 개인의 자화상에 따라 좌우된다. 젊은 남성들은 자녀를 낳고 가정을 꾸리는 것이 인생의 문제는 물론 역할 문제로 파악한다. 그들의 자화상에는 우리를 다시 돈너 계곡으로 이끌고가는 문화의 흔적이 역력하다. 소위 거칠 것 없는 젊은 남자와 그의 사랑스러운 애인이 살아남는 인생의 황야! 파트너에 대한 사랑을 강조하지만 자식은 무조건 배제시키는 남성들은 스스로를 자유롭고 즉흥적이며 젊다고 생각했다. 그러니까 돈너 계곡의 젊은 남성들 입에서 나왔을 법한 대답이었다. 그리고 돈너 계곡의 남성들처럼 위기는—이 경우 혼인 적령기 여성 중 혼인 의사가 있는 여성의 부족은—그들의 자화상을 훼손시킬 것이다.

이런 사랑의 제한 배급이 장차 수많은 젊은 남성들을 궁지로 몰아넣을 것이기 때문이다. 앞으로 성인 남성으로 자라게 될 이 젊은이들은 교육을 받기 위해 이전 세대보다 훨씬 치열한 경쟁을 벌여야 한다. 뿐만 아니라 여자를 얻기 위해 투쟁을 해야 한다. 앞으로 수많은 남성들이 아버지가 되고 싶어도, 결혼할 의사가 있는 여성이 부족할 것이기 때문이다.

남성들은 대부분 연하의 여성과 결혼한다. 여성은 교육 수준이 비슷한 파트너를 선택하는 경향이 높다. 어쨌든 결혼을 통해 사회적 신분이 떨어지기를 원하지 않는다. 해마다 신생아의 숫자가 줄어들고 있기 때문에, 점점 더 많은 남성들이 점점 숫자가 줄고 있는 연하의 여성을 얻기 위해 투쟁하게 될 것이다. 1969년생 남성 100명 중에서 3년 후인 1972년에 태어난 여성

배우자를 만나는 숫자는 74명이 채 안 될 것이다. "남성들이 넘쳐나므로 이런 상황은 몇 년에 걸쳐 계속해서 누적될 것이다."[77]

구동독은 이런 문제가 점점 더 심각해질 것이다. 동독과 서독의 농촌 남성들은 본격적인 여성 분배 전쟁을 치르게 될 것이다. 대학 도시나 대도시의 경우 아직은 결혼 시장의 과열을 거의 느끼지 못하지만, 동독의 경우 당장 젊은 여성들이 부족하다. 젊은 남성들과 달리 여성들은 행복을 찾아 멀리 떠나기 때문이다.

아주 신중하기로 이름난, 이 분야의 전문가 프란츠 크사버 카우프만(Franz-Xaver Kaufmann)이 말했다.

"가속화되는 빈곤화, 이주, 사회 불안, 극단적 성향의 신당들, 집단적 신뢰 상실, 어쩌면 집단적 마비 현상까지. 2004년 여름 노동시장 정책과 사회복지 정책의 개혁이 불러온 정치에 대한 염증은 비극적이고 장기적인 현실이 될 수 있다. 출산율 감소와 인구 감소가 장기화될수록 외부의 충격 없이 문제를 해결하기가 점점 어려워진다. 프랑스에게 제2차 세계대전이 던진 충격에 버금가는 충격이 있어야 할 것이다."[78]

독일이 통일되고 나서 약 150만 명의 동독인이 서독으로 이주했다. 그 중 18세에서 29세 사이의 여성이 평균 이상으로 높은 비율을 차지한다.

"여성들은 일자리를 찾아 동독을 떠나고 있다. 그리고 사회적·경제적 지위가 높은 사람을 파트너로 선택한다. 따라서 남은 남성들은 능력이 떨어지고 일자리가 없는 경우가 대부분이다. 이로 인해 인구 감소는 더욱 가속화된다. 결혼 시장에서 맨 밑바닥을 차지하고 있는 남성들은 통계적으로 볼 때 파트너를 찾아 가정을 꾸릴 가능성이 희박하기 때문이다."[79]

가능성은 극히 희박하지만, 이들 여성들이 설사 고향으로 돌아온다 해도 그곳에 남아 있는 남성들과 결혼할 것이라는 의미는 아니다. 그렇다면 여성들에게 버림받은 수많은 남성들은 어떻게 될까? 이들이 교육을 받지 못했다는 이유로 가정을 이룰 전망도, 직업적 비전도 없이 살게 된다면 어떤 일이 일어날까? 배우자를 구할 기회가 없는 결혼 적령기 남성들은 우울증, 공격성, 폭력성, 남성 그룹적 행동과 정치적 극단주의에 빠질 위험이 크다.

미국 시사평론가 로버트 라이트(Robert Wright)가 말했다.

"24세에서 35세까지 결혼하지 않은 남성들의 경우, 결혼한 남성에 비해 다른 남성을 살해할 위험이 3배나 높다. 이런 우려 중 몇 가지는 특정한 남성들만 결혼을 한다는 사실로 분명 설명이 된다. 하지만 결혼의 '만족 효과'에서도 또 다른 근거를 찾을 수 있을 것이다. 살인은 불만에 쌓인 남성이 저지를 확률이 높은 여러 가지 일들 중 하나에 불과하다. 여성의 마음을 끌 만한 자원을 얻기 위해 습격과 같은 위험을 불사할 확률은 그보다 훨씬 더 높다. 강간을 저지르거나 마약 남용, 알코올 중독에 빠질 위험도 더 크다."[80]

그들은 위험한 행동을 서로 부추기고, 용기를 시험하겠다고 위험을 무릅쓴다. 실험 결과 주변에 젊은 여성이 부족할 경우 남성들의 이런 행동은 청소년기를 넘어 성년이 되어서까지 지속된다. 집안에 노인 가족들만 있는 남성들의 경우도 그럴 잠재력이 있다.

이 사실을 놀랄 정도로 확연하게 보여주는 영화 한 장면이 있다. 오선 웰스(Orson Welles)는 리처드 플라이셔(Richard Fleischer)의 《강박충동(1959년)》에서 너무 따분해서 어린아이를 무참하게 살해한 유복한 집안의 두 청소년을 취조하는 변호사 역할을 맡았다. "여자친구 없어?" 이 같은 웰스의 질문은 정곡을 찌른다. 이 영화가 다루고 있는 폭력 범죄의 실제 원인이 이 순간에 드러나는 것이다.

젊은 여성들의 이주와 출산율 감소로 인해 야기된 남성 과잉의 문제는, 특히 젊은 남성들의 교육 수준이 낮아 이동의 기회를 박탈당한 곳에서 나타나게 될 것이다. 유럽과는 전혀 다른 원인으로 남성 인구가 과잉된 중국과 인도의 경우—여자아이

가 족

를 선별 낙태하여 1억 명 정도의 여성이 부족할 것으로 추정된다—지역 전체의 남성들이 가족과 아이를 포기한 채 살고 있는 경우도 있다. 이들을 두고 가족의 '헐벗은 가지(bare branches)'라 부른다.

독일의 경우 아직까지 젊은 여성 인구가 적지는 않지만 세대가 거듭될수록 줄어들 것이다. 인간의 가족 및 번식에 대한 태도가 야기하게 될 변화, 즉 고령화와 사회의 수축은 '생물학적' 효과를 강화시킬 것이다. 젊은 남성이 과도하게 많은 사회는 젊은층이 적은 사회와는 다르다.

1990년대의 연구 조사에 따르면, 사랑에 빠져 결혼을 하는 남성의 경우 이런 결심의 '주변 환경'에서 테스토스테론의 수치가 감소한다. 즉 "결혼 후 몇 년 동안 테스토스테론 수치가 떨어진다. 낮아지는 테스토스테론의 수치로, 결혼을 한 남성의 범죄율이 낮은 이유를 알 수 있다."[81]

직장이나 결혼 시장에서 차지하는 지위가 낮고 테스토스테론 수치가 높을 때는, 반사회적 행동을 강화하고 각종 형태의 공격성을 자극한다. 결혼할 의사가 있지만 인구통계학적 이유나 사회적 이유로 결혼을 저지당하는 남성이 늘어날수록, 몸 속을 돌고 도는 테스토스테론의 양과 "이 남성들이 보여주게 될 반사회적 · 폭력적 · 범죄적 행동의 비율"[82]은 점점 높아진다.

《사랑의 기술》과 많은 수의 또래 친구와 함께 성장했던 세대는 관계 선택권의 부족이 있을 수 있다는 상상을 해본 적이 없다. 인터넷과 TV의 시대, 우리 스스로가 그런 것을 상상하기 힘들다. 우리 머릿속에는 사람들이 우글거리고 있는 것 같다. 그리고 바로 그것이—앞으로 살펴보게 되겠지만—문제인 것이다.

▮ 누가 누구와 노나?

아이들이 자라 훗날 자식을 원하기 위해서는 직접 아이들을 겪어보아야 한다. 따라서 자식이 있는 어른들의 성장 과정을 지켜보아야 한다. 이 사실은 관찰의 힘이 얼마나 대단한지 확실하게 보여준다. 생활공간을 말 그대로 그저 '멀리서 보기만' 멀리서 보다에 해당하는 독일어는 'fernsehen'이다. 독일어로 TV가 Fernseher라는 데서 나온 말장난이다 한다면 무슨 일이 일어날까? 현대 매체산업이 지정하는 역할이 인간의 사회적 행동에 근본적인 영향을 미치고 있다는 사실은 수많은 자료를 통해 입증되고 있다. 한때 예술이 그렇게 도전적으로 창조해내던 거칠 것 없는 개인의 이념이, 이제 전자 매체를 통해 규범이 되어버린 것이다.

독일에서 출산율이 재고 유지의 수준 이하로 떨어진 순간 TV가 가족 시리즈물을 통해 인공적으로 사회망을 생산해내기 시작했다는 사실은 우연이 아니다. 사회망이 모방되었던 것이다.

TV는 국가를 혁명적으로 바꾸어놓았다. 나아가 개인과 개인의 가족관을 혁명시켰다. TV는 전 세계적으로 목도되고 있는, 엄청난 속도로 지구의 최오지까지 보급되고 있는 변화 과정을 가동시켰다.

1975년 독일 TV 드라마에 등장했던 여성 인물들 중에서 1명 이상의 어린 자녀를 두고 있는 경우는 22.7%에 불과했다. 이미 출산율 감소가 시작된 당시에 출간된 한 연구서에서 저자들은, TV에 어머니가 별로 등장하지 않는 데다 그마나 아이와 함께 화면에 비치는 경우는 극히 적다고 비판했다. "TV 드라마에 등장하는 여성들의 인생에서 아이가 얼마나 미미한 역할을 맡고 있는지" 놀랍다고 말이다. "아이와의 관계는 부차적으로만 다루고 있을 뿐이다."[83]

30년이 지나는 동안 엄청난 숫자의 방송사, 다채로운 24시간 프로그램이 선을 보였고, 출산율은 1964년에 비해 절반 수준으로 떨어졌다. 2005년 아돌프 그리메 연구소(Adolf Grimme Institut)에서 나온 한 연구서는 "줄거리가 있는 프로그램에서 남성의 54.8%, 여성의 경우 56.1%가 자녀가 없다. 여성의 11.3%, 남성의 8.3%가 한 자녀이고, 여성의 6.8%, 남성의 4.8%가 두 자녀이다. 두 자녀 이상은 남성은 3.3%, 여성은 3.1%에 불과하다. 주인공의 1/4은 아이가 있는지 없는지 확인조차 할 수 없다."[84]고 했다.

이런 사실을 통해 TV에서는 이미 몇 십 년 전부터 사실을 무시했을 뿐 아니라, 스스로 사실을 창조할 수 있는 힘을 가진 '유사 사회'가 발전되고 있었다는 결론이 나온다. TV에 등장하는 인물들 중에서 가장 중요한 동일화 인물 그룹인 남녀 형사들의 경우 가상 출산율이 0.29%, TV 드라마의 경우 0.48%이다.

대성공을 거두었던 독일 가족 시리즈 〈좋은 시절, 힘든 시절〉에서는 정상적인 가정이 하나도 없다. 대신 다양한 형태의 가정들이 등장한다.

- 싱글과 혼인을 하지 않은 생활공동체
- 자녀가 없는 부부
- LAT족 모임
- 이원 핵가족(두 가정, 두 아빠)인 재혼 가정
- 연속 결혼
- 비독점적 관계 형태(보통 바람을 피는 관계)
- 성인이 두 명 이상인 가정

가 족

〈좋은 시절, 힘든 시절〉에서는 나아가 이런 일탈 형태의 가족들이 임의로 서로 결합되기도 한다.[85]

이런 사실은 인기 시리즈 〈린덴슈트라세〉는 물론 모든 가족 시리즈물에 그대로 적용된다. TV에서도 유일하게 전통적이면서 정상적인 핵가족이 등장하기는 한다. 《그리메 보고서》에서는 그 프로그램의 이름까지 거론했다. 그것은 바로 애니메이션 시리즈 〈심슨 가족〉이다. 기나긴 고통과 행복 스토리의 끝자락에서 가족에 대한 묘사는 평면적 관점만 남는다. 심슨 가족은 푸른 머리카락에 언사가 거칠지만, 인구통계학자들이 우리 사회가 유지되기 위해서는 어쩔 수 없는 필수요소라고 생각하는 조건을 갖추고 있다. 부모와 세 자녀가 그것이다. 그 구성이 우리 눈에 얼마나 불합리하게 비쳐지는지는 〈심슨 가족〉을 통해 여실히 느낄 수 있다. 소위 이상형을 우리는 캐리커처로밖에는 만나지 못하는 것이다.

TV는 우리가 보고 싶어하는 것을 보여준다. 그런데 우리 자신의 일상과 방송되는 가족생활 사이에는 엄청난 대립의 간극이 자리하고 있다. 따라서 무엇보다 이런 질문이 떠오른다. 가족 시리즈의 성공은 그것이 이미 파산이 예상되는 미시경제학을 보여주고 있기 때문은 아닐까? 이미 사회 해체의 마지막 단계에 진입한 개인들의 미니 사회를 복사하고 있기 때문은 아닐까?

그 말이 맞다는 증거가 속속 등장하고 있다. 몇 년 전 미국에서 큰 논란을 불러일으켰던 사회학 저서가 출간되었다. 로버트 퍼트넘(Robert Putnam)의 《혼자 볼링하기(Bowling Alone). 미국 사회의 몰락과 부활에 대하여》[86]가 바로 그 책이다. 퍼트넘은 미국 사회가 고도로 개인화되고 고립되어 마음을 닫아버린 개인으로 구성되었다는 사실을 보여주었다. 책은 센세이션을 불러일으켰고, 덕분에 퍼트넘은 빌 클린턴을 만나고 《피플》 지에 사진이 실리기도 했다.

퍼트넘은 오래전부터 알려져 있던 매력적인 깨달음에 도달했고, 책의 세부 내용들은 순식간에 전체를 파악할 수 있도록 눈을 열어주었다. 예를 들어 미국의 도시 계획자들과 건축가들이 주거지 연립주택들을 이어주던 앞뜰의 길을 없애버렸더니 이웃 간의 교류가 바닥으로 떨어졌다고 한다. 이처럼 새롭지 않은 주제를 새롭게 거론했다는 점이 퍼트넘의 공이었다.

개인 간의 인간관계가 멀어지고 있다는 주장은 지난 세기 문화 비평과 사회 비평의 주 메뉴이다. 개인이 공동체 생활을 마스터할 수 있도록 만들어주는 네트워크와 관계 그물의 중심에서 개인을 만나기가 점점 어려워지고 있다는 것은, 현 세대가 자라면서 지겹도록 들어왔던 메시지다.

그리고 몇 년이 지난 후, 해마다 출간되던 연구서들의 이론과 평범한 범인들이 예언했던 바로 그 일이 일어났다. TV의 가상 세계로 도망칠수록 개인은 환경으로부터 떨어져 나가고, 고립의 악순환이 가동되면서 결국 그는 현대 대도시의 불행한 로빈슨 크루소가 되어버린 것이다. 하지만 로빈슨 크루소는 몰래 대용물을 장만했다. 그래서 특이하게도 고독한 현대인들은 뭔가가 부족하다고 전혀 느끼지 않는다.

시카고 대학교의 설문 조사 결과 지난 10년 동안 친구 관계에 대한 만족도가 눈에 띄게 증가했다. 실상은 응답자들 대부분이 친구 관계가 약화되었거나, 심지어 완전히 해체되어버렸는데도 말이다.

어떻게 그런 일이 가능할까? 사람들은 TV에서 보는 것과 현실을 혼동하고 있는 것이다. 그것도 자발적으로, 흔쾌히. 로빈 던바(Robin Dunbar)는 5년 전에 찢어지고 있는 사회망의 효과를 진단했다. 인터넷과 TV가 가족이나 친구들과의 직접적인 접촉을 대략적으로만 대체할 수 있다는 주장에 그는 의혹을 표했다. 그리고 이렇게 예언했다.

"TV 시리즈의 인물들이 관계 그물망 속 진짜 인간의 기능을 맡고 있다는 사실이 밝혀져도, 사회적·경제적 상황을 근거로 이 그물망의 범위가 550인의 자연 한계선을 훨씬 밑돈다 해도 나는 놀라지 않을 것이다."[87]

우리 사회는 분명 이처럼 유사 세계로 이행했다. 사토시 가나자와(Satoshi Kanazawa)는 친구와 'TV 친구'를 실제로 구분할 수 없는 사람들이 점점 늘어가고 있다고 지적했다. 가나자와는 퍼트넘의 책 제목을 인용하여 연구서에 이런 제목을 달았다. '가상의 친구와 혼자서 볼링하기'.

시청자들이 TV 친구를 삶에 끌어들이고, 그들에게서 교훈을 얻기 시작했다는 사실은 우려할 만한 일이다. TV는 시청자들을 정말 행복하게 만든다. 드라마를 시청하는 여성들은 자신이 정말 멋진 우정을 쌓고 있다고 느낀다.

"이 여성들이 TV 시청에 투자하는 전체 시간과 관련하여, 드라마와 시트콤(이 중 상당수에는 가족과 친족 그룹이 등장한다)을 많이 시청할수록 자신의 친구 관계에 대한 만족도가 훨씬 높다는 사실을 알 수 있다."[88]

거의 자식을 낳지 않는 사회의 의식 속에는 가상의 친구들이 북적거린다. 놀라운 점은 이런 가상의 친구들이 한 가지 사회 역할만을 맡지 않는다는 것이다. 아돌프 그리메 연구소의 연구 결과대로 이들은 형부, 언니, 남동생, 조카, 여자친구 등 모든 역할을 동시에 해낸다. 하이미토 폰 도데러(Heimito von Doderer)가 한때 풍자적으로 '총체적 가족'을 처리하는 데 사용했던 주인공 힐더리히 폰 바르텐브루흐(Childerich von

Bartenbruch)처럼 말이다. 하지만 TV 드라마는 풍자극이 아니다. 드라마들은 살과 피로 만들어진 살아 있는 인간이 들어갈 수 있는 머릿속 공간을 줄여갈 뿐 아니라, 현실 세계의 공간마저 점령하고 있다.

"TV 속 친구 관계에 대한 주관적 만족도는 실제 생활에서의 만족도와 일치한다는 사실이 밝혀졌다. 여성들은 시트콤과 드라마를 보면서, 남성들은 뉴스와 스포츠 프로그램을 보면서 친구들과 더 자주 만나고 있다는 느낌을 갖는다. 어쨌든 우리의 뇌는 그렇게 믿고 있다. TV는 사회생활에 참여하는 우리의 방식이다. 자신이 사회생활에 참여하지 않고 있다는 사실을 전혀 깨닫지 못하기 때문이다."[89]

우리 모두는, 특히 아이들은 가상의 우정, 가상의 갈등, 가상의 임신과 결혼으로 매일 낮과 저녁 시간을 보내고 있다. 거실, 부엌, 침실, 커피전문점 모습 외에는 거의 등장하는 게 없는데도 수백만 시청자의 눈길을 사로잡는 카메라 놀이에서는 사적 의식이 공적 의식과 결합하여 새로운 우주가 된다. 이 새로운 우주는 인간의 일상을 구성하는 요소가 되며, 적절한 법정 쇼와 이혼 쇼의 경우 에필로그가 더 추가된다.

하지만 다 괜찮다고 말할 수 있다. 우리가 우리를 발견하는 이야기, 우리가 모방할 수 있는 영웅, 우리가 원한 건 바로 그것이었다. 그리고 상상의 우정으로 인간이 더 행복하다고 느낀다면 아무도 불평할 필요 없는 것이다.

하지만 유감스럽게도 꿈의 세계로 도피하는 것는 항상—만약 이건 드라마건 관계없이—현실 세계에서 대가를 요구한다.

TV 친구는 아무것도 해주지 않는다. 도움이 필요할 때 오지 않는다. 섬머랜드에서 찾아주지도, 돈너 계곡에서 구조해주지도 않는다. 사회 협력을 가능케 하는 계약서에 서명하지도 않는다. 그들이 살고 있는 인생, 수많은 사람들에게 모범이 되는 인생은 실제 인간이 살 수 없는 인생이다.

그런데도 바로 그것을 추구하는 사람이 늘어가고 있다는 사실이, 그리고 이제 우리가 그것을 깨닫게 되었다는 사실이 날로 우려를 더해간다. 가치 변화만이 문제가 아니다. 이미 태도 변화가 문제가 되고 있다. 아이들을 점점 더 보지 않고 체험하지 않는 사회, 아이와 가족을 배제시킨 생활 형태를 가상으로 공유하는 사회는 앞으로 어떻게 될까?

아마 우리는 우리 공동체와 개인의 결정에 지대한 영향을 주는 매체의 설득력을 과소평가하고 있는지도 모른다. 지금껏 많은 사람들이 매체의 힘을 통한 가족 구조의 변화는 현대 서구 사회의 대도시에서나 볼 수 있다고 믿어왔다. 하지만 매체는 모든 것을 변하게 한다. 시골 오지 마을에까지 영향을 미친다. 이를 우리의 주제와 연관시켜, 브라질 여성이 〈텔레노벨라스〉라틴 아메리카 전역에서 방송되는 연속극를 시청하는 데 들이는 시간을 계산하면 그들이 낳게 될 자녀 수를 정확하게 예언할 수 있다.[90] 아렘베페의 여성들이 그렇듯이 말이다.

브라질 해안의 소도시 아렘베페는 여름이면 관광객으로 몸살을 앓는다. 지난 40년 동안 이곳은 급격한 변화를 겪었다. 비포장도로와 야자수 지붕의 한적한 어촌 마을은 엄청난 성장률을 기록한 현대적 소도시로 탈바꿈했다.[91]

도로에 아스팔트가 깔렸고, 1976년부터는 전기가 들어왔으며, 고등학교가 문을 열었다. 의료 시설도 나쁘지 않다. 사방에는 작은 아파트들이 늘어서 있고, 상당수가 지난 몇 년 동안 계속 증축을 거듭했다. 아직도 많은 주민들이 여전히 고기를 잡고 있지만 주민들의 주 수입원은 관광 수입이다.

아렘베페에서 멀지 않은 곳에 주민 수 600명의 작은 마을 코케이로스가 있다. 이 마을은 아렘베페와 전혀 다른 길을 걸었다. 최근까지도 전기가 들어오지 않는 집이 있고, 도로는 오물로 뒤덮여 있으며, 겨울이면 차가 다닐 수도 없다. 많은 주민들이 주변 농장에서 날품팔이를 하거나 얼마 안 되는 땅에서 농사를 짓는다. 이웃 마을보다 훨씬 가난한 것은 물론이고, 그 밖의 점에서도 문명의 혜택을 거의 받지 못했다.

겉으로 보기에는 두 지역에서 공통점을 찾기 힘들다. 물론 도시계획자, 인구통계학자, 역사학자들은 공통점을 찾아낼 것이다. 양쪽 다 브라질 사람들이 살고 있고, 성당이 여전히 큰 영향력을 미치고 있으며, 같은 기업에서 생산한 버스와 택시가 굴러다니는 등. 하지만 진짜 공통점은 외부 구조에 있지 않다. 진짜 공통점은 버튼 누르기를 통해 생성되며, 이 버튼 누르기는 늦은 오후 아렘베페 주민들과 코케이로스 주민들을, 그리고 그들과 8천만으로 추정되는 나머지 브라질 사람들을 연결하는 네트워크를 활성화시킨다. 그리고 나면 TV 시청자의 95%가 글로보 네트워크브라질 최대의 라디오 TV방송국에 채널을 맞추고 매일 세 번씩 방송되는 〈텔레노벨라스〉를 시청한다. 유일한 차이점은 코케이로스의 TV가 주로 흑백인 데 반해, 아렘베페의 TV는 컬러라는 사실이다.

유럽 사람들은 여전히 브라질을 인구가 많은 젊은 국가라고 생각하고 있지만, 브라질은 현재 네덜란드보다 3배나 빠른 속도로 고령화되고 있다. 10년 전만 해도 개발도상국 브라질에서는 절대 불가능하다고 생각했던 수치이며, 더불어 100년의 인구통계학적 확실성이 얼마나 순식간에 무(無)로 해체될 수 있는지를 잘 보여주는 사례이다. 1975년 이후 출산율이 절반으로 줄어버렸다. 미국의 여성 사회학자 재닛 던(Janet Dunn)처럼

가 족

TV가 켜지는 오후 시간에 같이 TV를 시청해본 사람이라면, TV가 이런 변화에 얼마나 극적인 영향력을 행사하는지 깨닫게 될 것이다.

출산율에 미치는 TV의 영향력을 연구하기 위해 재닛 던은 부자 동네 아렘베페와 가난한 동네 코케이로스를 장기간에 걸쳐 관찰했다.[92] 주민들이 〈텔레노벨라스〉의 인물들에 대해 토론을 벌이고, 그 인물들의 생활 이야기를 서로 들려주며, 그에 관해 도덕적 판단을 내릴 때면 그녀는 열심히 귀를 기울였다.

놀라운 점은 수많은 마을 주민들, 특히 여성들이 〈텔레노벨라스〉에서 그들의 사회 관계를 실현시키고 있다는 사실이었다. 제일 좋아하는 프로그램이 뉴스라고 대답한 코케이로스의 여성들조차도 그 수준이 80%를 훨씬 상회했다.

얼마 지나지 않아 두 마을 주민들 모두가 남녀노소를 가리지 않고 〈텔레노벨라스〉의 얽히고설킨 사회망에 대해 아주 세세한 내용까지 모르는 것이 없을 정도로, 동일화의 파괴력은 대단했다. TV 친구들과 가족들의 기괴할 정도로 비현실적인 여러 문제와 특이한 행동이 자신의 친족 및 친구들에게 전이되어, 현실의 주변 환경이 순식간에 TV 드라마의 특성을 띠게 된 것이다.

이런 관계가 중요한 이유는 브라질의 TV가 독일보다 훨씬 비현실적이고, 따라서 모방할 수 없는 생활 형태들을 팔아먹고 있기 때문이다. 연출된 세계상은 시청자들의 체험 세계와 모순되지만, 그럼에도 현실 세계의 행동방식을 바꿀 만한 힘이 있다.

대부분의 사람들은 자막이 다 지나가고 난 후에도 TV 속에 등장하는 소품 하나 제대로 살 수 없는 처지이다. 하버드 인구 및 개발 연구 센터의 연구 결과로도 확인되었듯이, 실제 TV가 전달하는 사회는 현대의 자산을 통해서가 아니라 이데올로기를 통해 영향을 미치며, 그 속도와 파괴력 역시 불과 몇 년 전만 해도 예상치 못했을 수준이다. 〈텔레노벨라스〉에서 연출된 가치와 견해와 행동 또한 시청들의 눈에는 상품이지만, 시리즈의 등장인물들이 타고 다니는 비싼 자동차, 그들이 살고 있는 으리으리한 집, 그들이 입고 다니는 옷보다는 훨씬 쉽게 손에 넣을 수가 있다.

문제는 TV 프로그램이 기존 사회망을 훼손시킨다는 것으로 끝나지 않는다는 데 있다. 이런 TV 드라마가 전달하는 구호는, 사회 관계는 원칙적으로 작동하지 않는다는 것이다. 또한 드라마의 문화적 메시지는, 성공과 개인의 열정은 아이와 함께할 수 없다는 것이다. TV 드라마는 현실의 사회 관계에 참여하지 않아도 좋다는 허가증을 교부한다. 드라마는 남자와 여자, 부모 혹은 아이들을 대체한다.

드라마의 인물들이 하는 일들 중 상당수는 자신의 사회 교류를 게임처럼 편성할 수 있는, 평범한 사람들도 할 수 있는 일들이다. 하지만 아주 중요한 예외가 있다. 그들은 드라마 속에서 드라마를 보지 않는다는 점이다. 이런 드라마들을 보고 인생관을 바꾸는 전 세계 수많은 사람들과는 정반대로.

좀 더 자세하게 관찰해봐야 괴상하다는 것을 깨달을 수 있는 TV의 가족 구조와 극 진행은 가족뿐 아니라 친구, 마을 주민들, 직장 동료들, 도시의 구매자와 판매자들, 심지어 국가 정책까지도 이해해 마지않는 절친한 관계의 회전목마를 다루고 있기에 시청자들은 그것을 제 인생의 기회로 해석한다.

행동방식의 레퍼토리는 실생활의 대본이라고 상상해야 한다. 시청자들은 TV 프로그램의 가족 갈등이 일상생활의 갈등에 해답을 제시한다고 말한다. 하지만 〈텔레노벨라스〉가 보여주는 위기의 종류들을 좀 더 자세히 관찰한다면, 이곳에서 현실 생활과 나란히 존재하면서 동시에 원래의 인생을 대체하는 유사 우주가 탄생했다는 사실을 깨닫게 될 것이다. 정작 한 세계에서 다른 세계로 도피할 수 있는 방법은 아무도 모른 채 말이다.

실제로 〈텔레노벨라스〉에는 중요한 갈등이 전혀 존재하지 않는다. 대부분의 인물들은 자식이나 교육에 대해 거의 생각하지 않는다. 남성들은 돈이 많고 권력에 굶주린 대도시 주민들이며, 여성들은 주변 세상을, 자신의 운명과 자신의 신체를 손아

귀에 넣고 있는 진짜 영웅들이다. 반면 아이들은 주변에서 얼쩡거릴 뿐, 그나마 거의가 학교에 있거나 베이비 시터와 함께 있는 모습이다. 존재 목적은 오로지 성인들의 대화에 기준점이 될 뿐, 아이들은 죽은 선조들만큼이나 먼 곳에 있다.

미국 평론가 필립 롱맨(Phillip Longman)이 말했다.

"〈텔레노벨라스〉는 할리우드 영화나 전 세계적인 북미 문화 수출품들에도 담겨 있는 문화 메시지를 강화시킨다. 돈 많은 사람들, 세상이 어떻게 돌아가는지 잘 아는 사람들, 자유롭고 충만한 인생을 살고 있는 사람들. 이들은 아이가 많아봤자 한둘이고, 어머니나 아버지의 역할 때문에 흥미진진한 인생을 포기하지 않을 사람들이다."[93]

"〈텔레노벨라스〉는 우리 인생과 아무 상관이 없어요. TV에서는 쉽지 않은 게 없지만 내 인생에서는 쉬운 게 하나도 없어요." 16살 소녀는 재닛 던에게 이렇게 말했다.[94]

그럼에도 그들은 TV를 동화로 생각했던 사람들, 자신의 행동과 가치 기준에 미치는 방송의 영향력을 완전히 과소평가했던 사람들이었다. TV 속 세상이 현실적이지 않다고 믿었던 사람이, 확신을 가지고 TV가 그들의 삶을 변화시키지 않는다고 말했다. 그러나 그것은 환상에 불과하다.

이런 사실을 확연히 드러내준 것은 〈텔레노벨라스〉가 희망

가 족

자녀 수에 영향을 미쳤느냐는 질문이었다. 질문을 받은 여성들이 모두 그렇지 않다고 대답했다. 그렇다면 한 세대도 안 되는 짧은 기간 안에 출산율이 급격하게 줄어든 이유가 무엇이냐는 질문에 대부분은 아이들에게 돈이 너무 많이 들기 때문이라고 말했다. 하지만 시골 주민들에게 이런 대답은 터무니없다. 최고령자들은 지난날을 떠올리며, 자식이 네댓 명 되면 오히려 절약 효과가 있노라고 말했다.

그러니까 응답의 의미는 전혀 다른 것이다. 〈텔레노벨라스〉가 보여준 전망, 실제로 많은 비용을 발생시킬 그 전망을 자식 하나하나에게 다 나눠주고 싶다는 소망인 것이다. 인류학자들은 1970년대 초만 해도 아렘베페 사람들은 자녀 양육에 돈이 많이 든다는 생각을 하지 않았다고 지적했다.

브라질의 두 마을 주민들에게는 베를린, 뮌헨, 뉴욕의 주민들과 마찬가지로, TV 안에서만 살지만 기초적 행동방식을 조종하는 가상의 친구나 친족들이 있다. 이 네트워크의 가상 인물들은 진짜 친구나 살아 있는 친족에게 도움을 부탁하는 지점에서 역할 모델로 이용된다.

그런데 왜 그렇게 속도가 빠른 걸까? 어떻게 TV가 단기간 안에 그렇게 엄청난 영향력을 미칠 수 있을까? 대답은 뻔하다. TV의 동맹자들이 여성들이기 때문이다. 시청자도 여성이고,

TV 속 허구의 주인공들도 여성이다. 우리 시대의 위대한 역사 〈텔레노벨라스〉는 여성들을 다루고 있고, 여성들이 시청하며, 여성들의 역할 이미지를 변화시키고 있다. 여성 주인공이 시간이 흐르면서 어떻게 발전하는지, 시청자들의 이상인 그녀가 독립적이면서도 가정을 꾸려갈 능력이 있느냐의 여부에 온 나라가 촉각을 곤두세우고 있다. 끝없이 긴 노정의 맨 끝에서, 그러니까 이미 너무 늦은 시각에 이런 역할의 발전에 대해 협상이 끝나고 나면, 다시 말해 가족이 사멸하고 멸족한 다음, 그때서야 비로소 실제 살고 있는 사람이 누구며, 허구가 누구인지 물어볼 것이다.

▌누가 누구에게 정보를 제공하나?

3세에서 5세까지의 아이들에게 돈을 어떻게 나누어야 하는지 물어보면 남자아이들보다 여자아이들이 공평하게 나누어야한다는 대답을 많이 한다. 우리 사회가 어떤 정치적 논리에 귀를 기울여야 할지 결정할 권한을 여성에게 일임한 것도 다 그런이유 때문일 것이다. 몇 년 전까지만 해도 그런 임무는 주로 남성이 많았다. 하지만 지금 국가가 자기 타협점을 찾는 토크 쇼는 여성들이 주도하고 있다. 여성들이 참가자들의 발언 시간을 결정한다. 대부분의 여성들이 표정 변화만으로 논리의 설득력을 평가한다. 오늘날 토크 쇼는 가족의 원초적 신뢰가 재획득되어야 할 정치 이전의 공간이다.

우리는 모르는 게 없다. TV, 신문, 인터넷 등에 접속할 수 있으며, 진로가 표시되어 있는 지도와 우리의 위치를 확인하는 GPS 수신기를 갖추고 있고, 최근에는 세계 어느 마을이건 거실에 앉아 위성으로 관찰할 수 있다. 따라서 우리가 상황 파악을 못하고 있다고 말할 사람은 아무도 없을 것이다.

오늘날에는 프린스턴의 택시 기사도 아인슈타인의 상대성 이론을 설명할 수 있다.[95] 또한 거의 모든 독일인이 세계화와 자국 노동시장에 미치는 세계화의 영향력에 대해 논문 한 편쯤은 거뜬히 쓸 수 있다. 뿐만 아니라 전 세계의 경제 현황에 대해 즉석에서 발표를 할 수도 있다. 매체를 이용하는 할머니는 인도 텔레커뮤니케이션 산업의 문제에 대해 함께 토론할 수 있고, 고등학생도 부가가치세 인상의 구조적 부당성에 대해 토론할 수 있다.

사실 그 문제들은 독일의 할머니와 고등학생이 머리를 싸매고 씨름할 문제이기도 하다. 오늘날 국가를 하나로 묶어주는 유일한 담론은 경제 정치적 메타 담론이기 때문이다. 정치 토크 쇼가 한 해 동안 내걸었던 제목의 리스트를 살펴보면, 거의 모두 몰락의 테마였을 뿐 아니라 경제 테마이기도 했다는 사실을 알 수 있다.

수백만의 사람들이 미시경제학의 독방에서, 소가족이나 싱글 가정에서, 경제학자들이 세계 경제와 세계화에 대해 주고받는 이야기들을 쫓고 있다. 사회 시스템 개혁, 실업 해소, 노후 부양책 등의 주제가 이런 방식으로 오늘날 평균 독일인이 갖추어야 할 필수 교양의 일부가 되었다.

우리가 가진 경제적 자원의 분배에 관한 대화는 이제 사회에서 가족의 대체물로 승격되었다. 이 모든 토크 쇼에서 임금 지불, 구멍 난 연금, 의료보험, 세계화가 거론된다. 항상 문제가 되는 것은 누가 주고, 누가 받으며, 누가 희생하고, 누가 분배하며, 누가 거짓말을 하는지 등 이익과 손해뿐이다. 이 모든 것은 경제적 판단 기준만이 아니다. 그것은 진화와 가족의 원초적 판단 기준이며, 사회 교환의 기본 문제이다. 이는 방송들이 가족 사이에서나 가능한 격렬함으로 감정에 부채질을 할 수 있는 이유이기도 하다. 일주일마다 사회 교류는 의문에 부쳐지고 새롭게 공식화된다. 이 규칙들이 아직 지켜지고 있을까? 아니면 파기되어버렸을까? 허락도 없이 비축 식량으로 배를 불리고 있는 누군가가 저장 창고에 있었던 걸까? 이 모든 것이 가족이다.

TV 시청자들은 이용당하지 않는 것이 얼마나 중요한지 깨닫는다. 그리고 그보다 더 중요한 것은, 누구나 그러려고 노력하고 있다는 사실을 감안해야 한다는 것이다. 공중의 위기의식이 없다면 그런 토론은 상상할 수 없을 것이다. 어쨌든 이런 방식의 토론이 선을 보인 것은 1990년대부터이다. 이런 토론 모임, 이것이 우리의 가상 가족이다.

개리 베커(Gary Becker)가 《가족에 관한 소논문》에서 밝혔듯이, 가족은 소규모의 경제 콤비나트이다. 하지만 가족에게서 소중한 모든 점은 경제학을 벗어난다. 용돈을 제외한다면 성과를 돈과 교환하는 행동은 현관 앞에서 끝이 난다. 가족 내에서는 감정, 갈등, 희생적 행동 등이 교환된다. 가족 역시 사회 계약의 준수 여부를 끊임없이 검토하고, 누가 누구를 속이는지, 누가 도망치는지, 누가 부당한 대접을 받는지 계속 검토한다.

자원이 사라지고 실존적 정의가 필요할 때마다 여성의 시간이 돌아온다. 식량, 돈 혹은 정보의 '배급자'라는 여성의 역할은 자원의 새로운 분배가 목전에 닥칠 때마다 특히나 중요해진다. 위기의 해 1946년을 다룬 현대의 한 보고서에서도 읽을 수 있듯이 "영원한 배고픔의 자극으로 인해 다양한 경우에서 일종의 강박관념이 발달하고, 때로는 아버지가 때로는 자식이 손해를 보고 무시를 당한다고 느꼈던 상황에서 여성은 남편과 자식들을 중재해야 했다."[96]

경제는 인간의 가족 대용품이다. 그리고 오늘날 논리의 분배, 득과 실의 분배를 결정하는 사람은 여성들이다. 그 동기는 물어보지도 않고 이러한 재분업에 우리가 익숙해져버렸다는 사실은 실로 납득이 가지 않는다. 어쩌면 우리가 신뢰를 찾고 있다는 증거인지도 모른다. 분배에 관한 한 분명 여성은 신뢰받을 만하다.

언어, 가족, 공동체의 관계를 집중 연구하고 있는 진화심리학자 로빈 던바(Robin Dunbar)는 네트워크의 정의가 새롭게 정비되어 타인도 선택적 친족이 되어야 할 필요성이 대두하는 순간, 여성이 심판관 역할을 맡는다고 추정한다.[97] 심지어 그는 여성들이 친족이 아닌 그룹과 동맹을 맺어야 할 필요성을 깨달았기 때문에 언어가 발달했다고 주장했다. 그리고 그의 주장이 사실이라는 증거가 적지 않다.

이 모든 것은 가족의 수가 줄어들기 때문에 거실에 앉아 가상으로 원초적 가족을 부활시키려는 노력이 아닐까?

로빈 던바는 비슷한 문제를 안고 있었지만 다른 해결책을 찾았던 쿵 족(!Kung)을 언급했다.[98] 칼라하리 사막에 사는 이 부족은 나름의 세계화를 경험했다. 몇 해 동안 계속 다른 부족들에게 쫓겨 떠돌아다니다 결국 물고기도 물도 없어 적(敵)도 없는 불모 지역에 도달했다.

　사냥과 채집으로 먹고사는 쿵 족은, 한때 우리의 모습이기도 했던 원시가족을 대표하고 있다. 인류학자들은 그들이 거듭되는 환경 조건의 변화에도 잘 적응할 수 있었던 이유를 계속 찾았다. 결정적 이유는 가족 내에서만 가능한 희생정신을 공동체 전체로 전달할 수 있었던 쿵 족의 능력에 있었다. 분배가 중요하지만, 그보다 더 중요한 것은 절대 되돌려받지 못할 순간에도 나누어준다는 것이다. 이런 형태의 분배를 대중화하고 관철시키기 위해 쿵 족은 그에 관해 서로 이야기를 나눈다. 로르나 마셜(Lorna Marshall)이 말했다.

　"쿵 족은 물고기를 나눠 먹는 것이 어떤 의미를 가지는지 잘 알고 있다. 그리고 그에 관해 많은 이야기를 나눈다. 특히 물고기를 나눠 먹음으로써 발생하는 상호 의무에 대해 많은 이야기를 한다. 분배의 이념은 그들의 마음에 깊이 뿌리내리고 있고, 아주 성공적으로 실천에 옮겨졌다. 그들에게 있어서 혼자서 밥을 먹는다는 생각은 경악할 노릇이다. 사자나 그런 짓을 하지 사람은 못 그래, 그들은 그렇게 말한다."[99]

　그들의 태도에 놀랄 필요는 없다. 우리에게도 식사 터부는 없지만 소통의 터부는 있으니까 말이다. 우리의 경우 토크 쇼 참가자들은 자신의 주장이 자신과 자신의 관심사에만 도움이 된다고 말하지 않는다. 사실은 누가 봐도 그러한데 말이다. 마치 두 종류의 토크 쇼 같다. 한쪽에서는 자신의 이득이 될 수 있는 것에 대해 토론하고, 다른 쪽에서는 일반에게 이득이 될 수 있을 것을 토론한다. 두 경우 모두에서 공동체가 탄생하고 분배가 문제가 된다.

정치 토크 쇼의 현대적 메타 가족은 약화된 이타주의를 모방한다. 아무도 자신을 위한 어떤 것을 원치 않으며, 만인을 위한 모든 것을 원한다. 모든 논리는 공동체의 이익을 위한다는 가면을 쓴다. 결국 차이는 결말에 있다. 쿵 족은 물고기를 나누지만, 현대사회는 무언가를 나눌 경우 생길 법한 감정을 나눌 뿐이다.

▌누가 누구를
▌짊어지고 가나?

어린 초등학생의 어깨는 넓지 않다. 따라서 키가 1미터 35센티미터는 되어야 책가방 같은 짐을 등에 짊어질 수가 있다. 책가방 무게는 가방이 꽉 찼을 때도 몸무게의 10%를 넘지 않아야 한다. 그래서 교사나 부모들은 아이들이 지나치게 많은 책이나 무거운 물건을 가방에 넣고 다니지 않도록 유심히 살펴야 한다.

아이들의 뼈와 결합조직은 성장하고 있어서 성인들처럼 튼튼하지 못하다. 너무 무거운 짐을 지고 다니면 등이 휘거나 척추관절에 관절증이 생기거나 추간판이 상할 수 있다. 그러므로 아이들이 제 몸에 맞는 책가방을 들고 다니는지, 끈이 너무 딱딱해 피부가 다칠 위험은 없는지 잘 살펴보는 것도 어른들이 할 일이다.

그런데 현실은 겨우 10살 된 아이가 제대로 들 수도 없을 정도의 무거운 짐을 등에 메고 다닌다. 아직 어린아이인데도 빚이 너무 많다. 복지국가의 특징이 뭔지 제대로 배우기도 전에 아이의 노동 시간은 어른들의 부양에 맞춰 짜여 있다.

조상의 빚과 짐만 지고 있는 게 아니다. 숫자가 줄어들기 때문에 아이들 한 사람당 두 사람의 몫을 감당해야 한다. 할머니, 할아버지가 생존해 있을 경우—그럴 확률이 아주 높다—2세대에 걸쳐 여섯 사람의 감성적 가계는 물론 재정적 가계의 일부까지 감당해야 한다. 과거의 관계로 인해 계조부모, 계부모까지 추가될 경우 무게는 더욱 늘어난다. 훗날 어른이 된 아이들은 우리가 떠안긴 엄청난 '빚' 때문에 끝나지 않을 지나친 부담의 감정에 파묻혀 헤어나지 못하고 살아가게 될 것이다. 도덕적으로나 물질적으로 자신의 핵가족을 위해 최선을 다해야 할 것이며, 조부모가 설사 없다 해도 부모와 자식을 위해 전력 질주해야 할 것이다. 또한 세금과 추가 부담을 통해 알지도 못하는 사

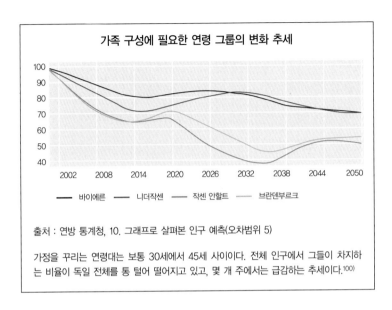

가족 구성에 필요한 연령 그룹의 변화 추세

범례: 바이에른 ── 니더작센 ── 작센 안할트 ── 브란덴부르크

출처 : 연방 통계청, 10. 그래프로 살펴본 인구 예측(오차범위 5)

가정을 꾸리는 연령대는 보통 30세에서 45세 사이이다. 전체 인구에서 그들이 차지하는 비율이 독일 전체를 통 털어 떨어지고 있고, 몇 개 주에서는 급감하는 추세이다.[100]

람들, 알아서 미리미리 예방책을 강구하지 못한 사람들의 빚까지 탕감해주어야 할 것이다.

사회를 유지해야 할 이 사람들은 모두가 이미 세상에 태어났다. 1990년에서 2000년 사이에 태어난 이 아이들이 누구인지, 어떻게 성장할 것인지, 그들의 특징은 무엇인지 정확히 간파해야 한다. 이 아이들에게는 전체를 이룰 조각들이 부족하다. 그들을 도와 짐을 덜어줄 형제나 자매가 없다. 형제 자매나 또래 친구는 날로 희귀해진다. 일상의 사회 관계도 줄어들고 있다. 사람들이 떠나버린 시골 마을에서 이 아이들은 다른 아이들을

가 족

거의 만나지 못할 것이며, 점점 더 많은 시간을 부모나 조부모와 보내게 될 것이다. 대도시에서도 가족이라는 사회 모델을 체험할 수 있는 기회가 과거 세대에 비해 훨씬 줄어들 것이다.

가족을 이룰 수 있는(물론 얼마나 많은 수가 가족을 이룰지는 불확실하다) 연령대만 보더라도 향후 20년 동안 바닥이 드러날 정도로 줄어들 것이다. 바이에른의 경우 30세에서 45세까지의 인구가 현재의 약 80~85% 수준으로 떨어질 것이며, 작센 안할트와 브란덴부르크의 경우 감소 비율이 거의 50%에 육박할 것이다.

대도시에서는 주로 독일인이 아닌 주민들이 전통적 형태의 가정을 꾸릴 것이다.[101] 대도시에서 부모와 함께 사는 아이의 경우, 자기 가족을 제외한 가족을 만날 수 있는 기회는 대부분 이슬람 이민자들을 통해 제공될 것이다. 독일인 주민들은 주로 새로운 생활 형태를 실험할 것이며, 전통적 형태의 가족은 주변 지역으로 밀려날 것이다.[102] 이런 예보를 심각하게 받아들일 경우 대도시에서 성장하는 아이는 형제나 자매가 없고, 또래 친구나 그 친구의 가족도 만나지 못할 것이다. 이는 이 아이들에게서 연금 보장이라는 이타적 기여 이외에는 기대할 것이 전혀 없는 사람들한테도 불안하기는 마찬가지인 전망이다.

이민자 가정 출신의 통합되지 못한 젊은 성인들에게는 여전히 출신 가족이 상당 부분 은신처가 되어줄 것이다. '문명의 충돌'이 독일에서는 무엇보다 '가족관의 충돌'로 체험될 것이라는 사실은 우연이 아니다. 딸들과 여성들이 당해왔던 해묵은 불이익과 가부장적 가족 구조는 수많은 사람들에게 위협으로 느껴질 것이다. 사람들은 공동체가 가족 내에서 생산되고 전달되는 가치관들에 의해 영향을 받거나 위협을 받을 것이라는 강렬한 느낌에 사로잡힌다. 특히 대도시에서는 전통적 서구 가족과 그 자녀들의 해체가 진행되고 있는 상황에서, 수많은 젊은 여성 이민자들이 과거의 모슬렘 가족으로 비자발적인 회귀를 강요당할 것이라는 사실은 우려를 더한다. 이런 과정의 여파는 1960~1970년대에 사회화되었던 사람들이 아니라, 이제 체험과 관찰과 경험을 통해 사회화될 아이들에게 미칠 것이다.

대도시의 다수는 이민자들과 그 후손들이 차지할 것이며, 그들 상당수가 독일 여권을 소지할 것이다. 하지만 현 상황으로 미루어보건대 그들의 40%는 학교를 졸업하지도 않은 채 기껏해야 대학 졸업과 동시에 떠나고 말 것이다. 인구학자 헤르비히 비르크가 말했다.

"이는 너무 불안한 수치이기에, 왜 경제가 오래전부터 이 문제에 관심을 갖지 않았는지, 그리고 1960년대에 그랬듯이 지금도 교육 지원을 찬성하고 있는지 의아하게 생각될 정도이다."[103]

142

실제 사회는 점점 더 늘어나는 부채와 출산율 감소로 절약된 자원의 소비라는 두 번의 엄청난 죄를 범하고 난 후, 다시금 세 번째 원죄를 저지르고 있다. 이제 모든 것은 이 순간 학교에서 공부를 하고 있는 외국 이민자 자녀들이 사회를 떠나기 전에 그들을 우리 사회로 통합하느냐의 여부에 달려 있다.

최강력 사회화 기계는 가족이다. 하지만 이미 너무 늦어버린 통합 과정이 앞으로도 얼마나 지난할지는 이민자 집안의 아이들이 독일 가정 아이들을 만날 기회조차 없다는 사실만으로도 입증된다.

사회가 이런 변화에 당황스러울 정도로 늑장을 피우는 데는 나름의 이유가 있다. 인구통계학적 전환점이 몰고올 파장을 범죄율 증가나 하락, 외국 무역의 변화나 신 자동차 판매율 하락으로 해석하듯이 경제적·사회적·정치적으로 해석하고 있는 것이다. 하지만 문제는 근본적인 생물학적 과정이다. 번식 태도는 모든 생명체의 원초적 본능만 조종하는 것이 아니라 공동체, 사회, 문화의 진화까지도 조종한다. 그것의 효과는 통계학이나 통례의 진단으로는 복사할 수 없을 정도로 근본적이다. 변화의 효과가 과소평가되는 이유가 어쩌면 그 때문인지 모른다. 또 우리 공생의 가장 활기차고 생명력 넘치는 문제 중 하나가, 가장 건조한 학문의 하나인 인구통계학과 결합되어 있기 때문인지도 모른다.

그래서 교육 지원책의 부재로 그치지 않고, 심지어는 학교 폐쇄나 교육 서비스 축소를 통해 돈을 절약할 명목으로 줄어들고 있는 아이들의 숫자를 이용하고 있다. 사실 사회의 교육 노력을 2배, 3배로 늘려야 한다. 아이들은 또래 친구들을 통해, 그리고 가족을 통해 배운다. 1966년 미국에서 《콜먼 리포트》가 나온 이후 모두가 알게 되었듯이, 그런 식의 학습이 아이에게 미치는 영향은 학교 설비나 교사들의 보수, 학급 크기보다 훨씬 강력하다. 아이들이 사라지고 또래 친구가 사라지고 가족이 사라지지만, 아이들은 절반만 남은 결손 세대를 위해 함께 배우고 생각해야 한다.

이런 위협적인 인구 추이는 가족의 세대 간 공생만 변화시키는 것이 아니다. 자신의 의무는 물론이고, 사욕 없는 희생까지 포함한 가족의 행동 형태마저 다 떠맡아줄 것이라고 큰소리쳤던 국가가 별안간 협정을 파기해버렸다. 물질적·가족적 대비책을 소홀히 했던 지금의 40~60대는 갑자기 너무 늦었다는 느낌에 사로잡히게 되었다. 졸지에 국가가 내팽개쳐버린 의무를 다시 떠안게 된 세대의 마음속에서 너무 지나치지 않나 하는 의구심이 눈을 뜨게 된 것이다.

아무런 대가를 받지 않고 사회 봉사를 했던 시절도 있었지

가 족

만, 아이들은 더 이상 사회 봉사에만 매달릴 수 없을 것이다. 주변 사람들을 책임져야 한다는 엄청난 압박감 때문에 양심, 도움을 베푸는 마음, 심지어 사랑마저―세계와 자신의 사회를 위해서가 아니라 기껏해야 직접적인 친족이나 아주 가까운 친구들을 위해서조차―귀하고 빠듯한 자원으로 느끼게 될 것이다.

가족이 없는 개인에게는 오히려 가족이 자신들을 내치는 방벽이 될 수도 있을 것이다. 무임 승객이라는 오명을 쓰고 마차에서 쫓겨날 수도 있을 것이다. 복지국가가 도와주지 않는데 그들이 어떻게 협력하겠는가? 그리고―만인이 같은 운명을 나눌 경우―인간이 친족 아닌 다른 사람의 드라마에 관심을 갖는 일이 당연하다고 얼마나 주장할 수 있겠는가?

가족과 더불어 이타주의가 사라지고 있다. 대가를 바라지 않고 무언가를 하는 경제학, 즉 프란츠 크사버 카우프만이 말한 '도덕적 경제학'이 사라지는 것이다. 공동체주의자들은 공동체가 스스로를 도울 수 있는 방법을 고민했다. 하지만 수축화, 고령화 사회의 개편안을 제시한 수많은 최신 이념들은 TV 드라마보다도 현실적이지 못하다. 자녀가 없는 부부들이 일종의 상위 탁아소를 만들어 가족을 지원하는 비공식 네트워크에 대한 낭만적 희망이 몇 년 전부터 사회 치료사들의 입에서 쏟아져 나왔지만, 그것 역시 현실적인 대안은 아니었다.

지금껏 국가는 가족이 개인의 건강에 미치는 긍정적 효과를 지극히 당연하게 공공 의료보험에, 유치원과 학교, 노동시장, 노인 부양비에 합산해왔다. 사람들은 극단의 위기 상황에서 서로를 돕는다. 친족 관계가 가까울수록 더 자주, 더 많이 돕는다. 현재 20대에서 60대까지의 다수는 이런 관념 세계에서 성장했다. 그래서 전문가들은 가족, 단결심, 신뢰 같은 가치들이 설문조사에서 많은 찬성을 얻고 있다는 사실을 거듭 지적하며 우리를 안심시켰다.

하지만 이 모든 설문조사들은 2005년의 생활 전망과 환경 전망에서 작성된 것이다. 응답자들이 공급 부족에 시달리는 인적 없는 시골이나 친족 없는 대도시에서 살게 되고, 사회적 애정의 배급을 제한할 수밖에 없을 정도로 사회 구성이 변화될 경우 결과는 전혀 다르게 나올 것이다. 지난 몇 십 년 동안 인심 후한 한여름의 전성기를 누렸던 많은 사람들은 가족의 '그림자 경제'가 시스템의 안정성에 얼마나 많은 부분을 차지하였는지 전혀 눈치 채지 못하고 있는 것이다.

복지국가는 가족 구조의 변화를 이겨낼 수 없다. 그리고 20세기 정신분석의 인식과 달리, 가족은 인간의 영혼을 뒤틀고 불행하게 만들 수 있는 병적인 조직만이 아니라는 사실을 깨닫게 될 것이다. 가족은 이제 생명의 은인으로, 그 기능과 필요성에서 도움의 생산자로 다시금 부상하고 있다.

이렇게 하여 우리는 문제의 핵심에 도달했다. 친족 관계가 줄어들고 있으며 네트워크도 줄어들고 있다. 개인에게 돌아올 도움의 손길은 날로 희박해질 것이므로 자구책을 강구해야 한다. 하지만 인간은 생존을 위해 네트워크가 필요하다. 160년 전 돈너 계곡에서도, 오늘날에도 다를 바가 없다. 네트워크가 건실할수록 생존 기간도 길어진다. 이는 약리적으로 측정할 수만 있다면 가족과 절친한 우정을 기적의 묘약으로 만들 만큼, 효율성과 규모 면에서 현대 문명에도 그대로 적용된다. 대가족으로 인해 심장 질환의 위험이 줄어든다. 널리 뻗어 있고 활발히 움직이는 사회 네트워크를 갖춘 사람들은 그렇지 않은 사람들에 비해 안정 상태의 맥박이 더 낮고 암을 치유할 수 있는 기회도 더 높다. 암은 그 원인부터 가족의 애정과 관련이 있다. 수학적으로는 계산할 수 없는 아내와 가족의 사랑이 심근경색의 회복 속도를 높인다는 사실은, 이스라엘이 1만 명의 도시 공무원을 대상으로 실시한 대규모 심장 연구에서도 밝혀진 바 있다. 반대로 가족의 애정이 부족한 경우 재발의 위험이 급상승했다.[104]

이는 물론 생명 우호적인 사례들이지만, 공동체가 항상 맹목적으로 신뢰할 수 있는 무언가를 보여준다기보다는 우리에게 부족한 무언가를 보여주고 있다. 아이들과 부모들, 그리고 개인

들의 분포가 급격히 바뀌었기 때문에 인간 애정의 '분배 기준'
이 달라지고 있다.

절대 자신을 속여서는 안 된다. 독일에서 아이를 낳는다는 것
은 어쩔 수 없이 전문화 행위가 되고 있다. 프란츠 크사버 카우
프만의 말대로 "자녀 출산을 보장하자면 지분이 줄어들고 있는
여성들이 날로 출산율을 높여야 한다."[105] 많은 현대인들이 이
런 전망을 지나친 과장이라 생각할지 모른다. 하지만 세대가 거
듭될수록 여자아이의 숫자가 줄고, 그나마 그들 중에서 어머니
가 되는 비율이 줄어들고 있는 현실에서 2000년생 여자아이들
부터 이런 주장의 설득력을 몸소 체험하게 될 것으로 예상된다.

날로 숫자가 줄어가는 아이들로서는 이전 세대의 연금만 벌
어서 해결될 상황이 아니다. 그들의 마음속에는 네트워크는 물
론이고 자기 가족의 정신적·영혼적·신체적 건강까지도 지키
려는 태곳적 충동이 살아 있다. 모든 인간의 경험으로 미루어보
건대 이는 이 작은 어깨에 지우기에는 너무도 과도한 부담이다.
마음의 부담을 덜지 못할 경우 그들은—적어도 한 세대의 과도
기 동안에는—출신 가족으로 되돌아갈 뿐 아니라 사회로부터
등을 돌리게 될 것이다.

이런 가족으로의 회귀가 순수 방어 차원에서 실망, 두려움,

가 족

탈진, 기력 쇠약, 이용당했다는 느낌과 결합될 경우 어떤 일이 벌어질까? 몇 년 전 미국의 사회학자 에드워드 밴필드(Edward Banfield)가 이에 대해 설명한 바 있다.[106] 그는 1950년대 말 남부 이탈리아의 산중에 있는 꿈의 마을을 찾아갔다. 멀리서 보기에는 그림 같았던 마을, 처음 다가갔을 때 관광객의 눈에 전형적인 이탈리아 공동체 구조로 비쳤던 마을은 이내 사회의 낭떠러지라는 정체를 드러냈다.

마을 주민들은 너무 가난했고, 가난보다 더한 절망에 사로잡혀 있었다. 그런데도 공동의 운명은 그들을 공동체로 만들어주지 못했다. 가족들은 서로를 불신했고 비방했으며, 서로를 희생시켰다. 이웃이나 지인, 친구들에게 손해가 될지라도 자신의 이익만 추구했으며, 극도의 비사회적인 행동을 보였다. 분명 그들의 가족적 관심이 협력의 가치를 가르쳐주었을 텐데도 말이다.

9개월 동안 밴필드는 마을 주민들을 대상으로 설문조사를 하며 가난의 물질적 근거를 찾다가 가난의 심리적 원인과 마주쳤다. 모든 주민들이 전통과 가족에게 사회적 가치를 부여했다. 하지만 그들이 처한 경제적 압박은 핵가족을 일그러진 요새로 만들어버렸다. 핵가족에게 이익이 되는 것만 도덕적이고 선하다고 인정받았다. 모든 가족이 그렇게 생각했기 때문에 밴필드가 이름붙인 소위 '가족적 비도덕주의'가 만연했다. 그것이 일체의 협력을 좌절시켰고, 공동의 선을 지지하는 감정의 싹을 말살시켰다. 불신의 세계가 눈앞에 펼쳐졌던 것이다.

경제는 신뢰 없이는 작동하지 않기 때문에, 이 마을의 경제적 미래는 이미 판결을 받은 셈이다. 가족 기업이 더 이상 생겨나지 않았고, 기업인들은 일자리 창출은 국가의 임무라고 생각하여 공장을 짓지 않았다.

물론 인구통계학적으로 오락가락하는 유럽 문명에 하룻밤 사이에 이탈리아 남부의 상황이 찾아오지는 않을 것이다. 하지만 밴필드의 설명은 '가족 부양 공동체의 법적 사상이 정반대로'[107] 역전되어 나날이 줄어드는 아이들이 사회의 짐을 짊어져야 하고, 가족의 건강을 지켜야만 할 경우에 발생하는 정신적 상태의 설명으로 읽어야 할 것이다.

누가 누구와 가족이 되는가?

"당신은 누구입니까? 빨리 대답하시오."

3천 년 동안 철학자들은 이 질문의 대답을 찾기 위해 고심했고, 몇 백 세대를 거치는 동안 사춘기를 시작으로 성인되기까지의 청소년들이 이 질문의 답을 찾아 헤맸다. 그러나 찾지 못했다. 대체 넌 누구냐?

10년 전 미국의 학자들이 300명의 대학생에게 이 질문을 던졌다.[108] 캐나다 맥매스터 대학교에 다니는 대학생을 남녀 같은 비율로 선정하여 별로 중요하지 않은 이런저런 질문들을 던졌다. 예를 들어 가장 가깝다고 느끼는 사람은 누구이며, 그 사람과 얼마나 자주 만나고 얼마나 자주 대화를 나누는가? 그러고 나서 결정적인 질문을 던졌다.

"당신은 누구인가? 10가지 대답을 쓰시오. 머릿속에 떠오르는 순서대로 쓰되 최대한 빨리 쓰시오."

절반 이상의 여성이 가장 먼저 "나는 딸이다." 혹은 "나는 언니다."라고 대답했다. 남성들 역시 가족의 역할을 언급했지만 "나는 스미스다."라는 식으로 가족의 성을 먼저 말했다. 그러나 여성들은 한 사람도 그렇게 대답하지 않았다.

자신이 누구인지 정의를 내리려 할 때 사람들은 먼저 친족 관계를 떠올린다. 특히 여성들이 자신을 가족 관계로 정의한다.

이처럼 여성들은 자신을 친족 관계와 동일시할 뿐 아니라, 친족의 이름을 마지막 구성원까지 모두 외울 수 있고, 다음 세대에게 자신의 출신에 관한 지식을 전달할 수 있는 사회적 자질과 지식, 관심과 능력을 갖추고 있다.

이런 사실은 24쌍의 남매에게 컴퓨터에 가족 계보도를 그려 보라고 주문했을 때도 확인되었다. 부모와 부모의 형제 자매, 사촌, 조부모, 조부모의 형제 등 이런 식으로 계보도를 확대시켜 나가라고 했을 때 과연 그들은 자신의 뿌리를 얼마나 정확히 알고 있었을까? 또 그 사실은 그들에게 어떤 역할을 했을까?

남매의 친족이 동일한 상황에서 여성들이 남성들에 비해 훨씬 더 많은 친족을 기억해냈다. 하지만 가장 가까운 사람이 누구인가라는 질문에는 둘 다 어머니라고 대답했다. 이 실험을 한 두 학자 캐서린 샐먼(Catherine Salmon)과 마틴 데일리(Martin Daly)가 말했다.

"여성은 남성보다 더 많은 수의 친족을 기억해냈다. 동질성의 특징으로 아버지의 성을 강조하는 경향은 남성 쪽이 훨씬 더 강했다. 여성의 경우 자신의 특수한 친족 내 역할을 강조했다. 그리고 양쪽 모두 어머니를 가장 가까운 사람으로 꼽았지만 형제 자매가 가장 가까운 사람이라고 대답한 숫자는 여성에 비해 남성이 훨씬 많았다. 이런 결과는 심리적으로 여성은 세대 간 동맹에 더 많은 비중을 두는 반면, 남성은 동일 세대 내 동맹에 더 비중을 둔다는 사실을 알 수 있다."[109]

여성은 자신을 친족으로(혹은 자신의 촌수와 관련하여) 정의하고, 남성은 한 씨족의 구성원으로 정의한다. 또 여성은 자신을

가 족

과거 세대와 다음 세대의 일부로 생각하는 반면, 남성은 동년배의 수평적 구조에서 사고한다. 뿐만 아니라 여성은 친족의 네트워크를 잘 관리하며, 한동안 관계가 끊어졌던 먼 친족과도 몇 년이 지나서 다시 관계를 맺을 수 있는 능력이 있다.

한눈에 상황 파악이 되던 1980~1990년대에는 전혀 쓸모없다고 생각했던 이런 재능은 이제 곧 큰 인기를 누리게 될 것이다. 하지만 가족 내부의 결합만 중요한 게 아니다.

돈너 계곡에서, 섬머랜드에서 만났던 사람들은 친족을 도와주었다. 더 정확히 말해 직접적인 관계에 있는 친족을 도와주었으며, 이를 위해 엄청난 위험도 불사했다. 우리의 임무는 사라져가는 가족의 이타주의를 과잉 부담으로 인해 파괴시키지 않는 것이다. 그리고 가까운 미래, 직접적인 친족은 상실하겠지만 의붓 친족이나 선택적 친족을 추가하도록 만들어야 한다. 물론 첫 결혼에서 태어난 아이들이 새어머니가 노후에 겪게 될 위기 상황에 어떻게 반응할지는 아무도 모르지만 말이다. 어쨌든 여기에서는 전혀 다른 진화사의 법칙이 통한다.

교육과 문화적 영향도 이 법칙을 거스르지 못한다는 사실을 윌리엄 얀코비아크와 모니크 디더리치가 입증한 바 있다. 그들은 미국 모르몬 교도를 대상으로 친형제와 의붓 형제의 단결심을 연구했다. 모르몬 교는 몇 세대 전부터 복잡한 친족 관계 속에서 살고 있는 종교 공동체이다. 모르몬 교도들은 일부다처제를 허용하기 때문에 어머니가 같건 다르건 형제 자매들 사이에 차별을 두지 않는다. 그러므로 이곳이야말로 친형제와 의붓 형제를 구분하지 않고 형제의 단결심이 생길 수 있는 문화의 전형이라 할 수 있다.

하지만 결과는 예상과 달랐다. 이렇게 종교에 따라 정해진 시스템에서 장기간에 걸쳐 아이들에게 교육을 시켰는데도 불구하고, 친형제는 의붓 형제보다 단결심이 강했고 사이도 가까웠다.[110]

미래의 과제는 수많은 가족에서—그리고 얼마 안 가 사회 자체에서도—친족 관계, 의붓 친족 관계, 친구의 경계에 대해 새로운 정의를 내리는 것이다. 결혼과 이혼, 동거, 재혼, 일부 법적 지위가 다른 첫 번째 관계, 두 번째 관계, 세 번째 관계에서 태어난 자식들……. 이런 현상은 의붓 형제에서부터 계조부모에 이르기까지 엄청나게 다양하고 복잡하며 혼란스러운 친족 관계들을 발생시킬 것이다.

미국 국립 연구 이사회(National Reserch Council)의 공식 간행물에 보면 이런 구절이 있다.

"이런 새로운 친족 구조가 인간 행동에 미치게 될 결과는 아직 연구되지 않았다. 우리는 이것이 공생에 어떤 영향을 미칠지, 자원 배분과 다른 종류의 공생에는 어떤 영향을 줄지 알지 못한다. 이런 새로운 친족 관계를 파악할 수 있는 새로운 수단들이 시급히 마련돼야 하며, 인간 행동에 그 영향력도 추정해야 할 것이다."[111]

실제로 우리는 친족 관계와 친구나 의붓 친족 관계의 결정적인 차이점을 알고 있다. 친구와 의붓 친족 관계는 결국 머리 굴려 고민한 주고받기의 대차대조표를 제시해야 한다. 이를 두고 진화심리학은 '상호 협력'이라 부른다. 반면 친족 관계에서는 주고받기의 불균형이 허용된다. 물론 친족 간에도 한쪽의 일방적인 이타주의 때문에 다툼이 있을 수도 있지만, 상호 교환의 불균형이 일생 동안 인정되는 관계는 친족 관계뿐이라는 것은 연구 결과에서도 알 수 있다.[112]

버클리 대학교에서 학생들을 가르치는 인구통계학자 케네스 워처(Kenneth Wacher)는 친족 관계가 날로 줄어들 것이라는 전망에 마음이 무거워져 컴퓨터 시뮬레이션으로 그런 변화가 미국에 미칠 결과를 계산해보았다. 그는 2030년이 되면, 그 당시 노인이 될 세대, 특히 남성들에게서 친족 네트워크의 결핍이 나타나지만, 동시에 인간에게 '풍요롭지만 문제가 없지는 않은' 친족 네트워크를 선사하게 될 의붓 친족의 선택 가능성이

급상승할 것이라고 예상했다.[113]

나는 누구인가? 이것은 위급한 경우 이미 대답이 나와 있는 질문이며, 나를 도와줄 다른 사람이 하나도 없을 때 어쩔 수 없이 되물어보게 되는 질문이다. 다가올 몇 십 년 동안 선택의 여지가 없어 같은 세대의 동년배 동맹이 제한될 경우, 동시에 친족 관계와 가족이 지금까지의 경계를 넘어 확장될 경우, 심지어 친구들까지 가족 구성원이 될 수밖에 없을 경우 장차 누구에게 희망을 걸게 될지는 명확한 일이다. 2명의 독일 학자 프란츠 네이어(Franz Neyer)와 프리더 랑(Frieder Lang)은 이들을 두고 '친족 지킴이'라고 불렀다.[114] 우리의 공동체가 이제 들어서게 될 단계에서 그들은 동맹을 조직하고, 그 동맹의 이행 여부를 감시할 것이다. 하드코프에게 집으로 돌아올 길을 가르쳐주기 위해 불을 지필 이도 어쩌면 그들일지 모를 일이다.

여자들

여성들은 네트워크를 조직하며, 사회 자산
이 소비되거나 파괴된 곳에서 사회 자산을
축적한다. 여성들은 친족의 '여성 동맹자'
이며, 이방인에게도 신뢰와 보호를 전달해
줄 수 있다.

그리하여 우리는 다시 한번 돈너 계곡으로 돌아온다. 일기와
편지, 회고담들로 인해 당시의 상황에 대해 제법 또렷하게 파악
할 수 있다. 가족과 개인을 중재할 수 있었던 이는 여성들이었
다. 또한 가족의 네트워크가 부재한 몇 가지 경우에서 이방인을
가족처럼 대함으로써 가족의 네트워크를 대신했던 사람들도 여
성들이었다.

강자인 척했던 젊은 남자들은 도널드 그레이슨의 표현대로
"파리처럼, 더 정확히 말해 암컷이 수컷보다 오래 사는 수많은
종의 하나인 집파리처럼"[115] 죽었다. 남자들의 2/3가 죽었고,
여자들의 2/3가 살아남았다. 남자들은 여자들에 비해 사망 속

도와 빈도가 더 높았다. 정확히 말해 딱 2배의 속도였다. 여성은 생존의 기계였다. 배고픔과 고난을 잘 견뎌냈고, 식량 수요도 적었으며, 낮은 체온으로도 잘 버텼기 때문에 눈보라나 토네이도의 피해를 덜 받았다. 그게 전부가 아니었다. 남편을 위해 헌신했던 톰슨 돈너의 희생적 행동은 정도의 차이는 있었지만 일행의 여성 대부분이 보여준 행동 방식이었다.

가족은 생존의 보증수표였다. 돈너 계곡에 갇혀 있던 가족의 중심에는 여성들이 자리하고 있었고, 버지니아 리드의 일기에도 적혀 있듯이 딸들까지도 그 중심 역할을 맡아주었다. 개인적인 기록이나 훗날 기록된 보고서를 보면 돈너 계곡에서 일어났던 사건들에 대해 믿을 만한 소식을 전한 이들도 대부분 여성들이었으며, 모든 자료를 통 털어 이 미니멈으로 축약된 공동체에서 혼자 남은 사람들을 도와주었던 이들 역시 여성들이었다. 가망 없는 상황, 궁핍하기 이를 데 없는 상황에서도 여성들은 비축된 식량은 물론 사회 자산까지 나눌 수 있는 능력이 있었다. 싸움을 말렸고, 남자들의 살인이나 폭력 충동을 진정시켰으며, 몇 사람이 굶어죽은 상황에서도 공평하게 식량을 나누었고 이야기를 들려주었으며, 심지어 남의 식구들까지 돌보았다. 한 마디로 가족의 의무가 존재하지 않는 곳에서도 모든 것을 걸고 신뢰와 우정의 동맹을 맺었다.

어떻게 그럴 수 있었을까? 두뇌를 연구하는 학자들은 남의 식구까지도 자신의 가족으로 만들 수 있는 여성의 재능은 수백 년을 이어오면서 여성들이 감수할 수밖에 없었던 사회적 유연성과 관련이 있다고 주장한다. 거의 모든 문화권에서 아들들은 일생 동안 자신의 친족들과 더불어 살지만, 딸들은 자신의 가족을 떠나 남편이나 파트너의 공동체로 들어간다. 캠브리지 대학교 트리니티 컬리지의 심리학 및 정신병리학과 교수인 사이먼 배런 코언(Simon Baron-Cohen)이 말했다.

"남자들은 여자들만큼 감정 이입 능력의 훈련을 할 필요가 없었다. 여성에 비해 관계를 만들고 유지하는 데 투자해야 하는 노력이 훨씬 적기 때문이다. 친족이 아닌 사람들과 좋은 관계를 유지하려면 상호성과 공평함에 대한 감수성이 아주 많이 필요하다. 이런 관계가 당연한 관계가 아니기 때문이다."[116]

여성들은 네트워크를 조직하며, 사회 자산이 소비되거나 파괴된 곳에서 사회 자산을 축적한다. '나는 누구인가' 테스트에서도 드러났듯이 여성들은 친족의 '여성 동맹자'이며, 이방인에게도 신뢰와 보호를 전달해줄 수 있다.

돈너 계곡의 여성들은 사라져가는 공동체를 안정시키기 위해 사회 지능을 동원했다. 예를 들어 어린 찰스 스탠턴이 산중에서 아무 짝에도 쓸모없는 황금을 발견하자 미세스 리드는 이

무용지물을 사회 자산으로 만드는 데 성공했다. 아이한테 이것이 빵이었다면 같이 나누어 먹을 수 있을 텐데, 라고 말했던 것이다. 이웃의 배고픔을 달래줄 수는 없었지만, 아이에게 그녀가 만인의 행복을 바라고 있다는 사실을 알려줌으로써 신뢰를 일깨웠던 것이다.

신경생리학자 에릭 키번(Eric Keverne)의 연구 결과, 동물의 왕국에서는 사회 지능이 어머니에게서 딸에게로 유전된다고 한다.[117] 사라 흐디(Sarah Hrdy)는 선구적인 진화생물학 저서《어머니 자연(Mutter Natur)》에서 말했다.

"어머니는 그런 유산에다 사회적 유산까지 덤으로 얹어준다. 자기 새끼가 어떤 동물들(예를 들어 자매나 모계 쪽 친족)과 어울려야 할지 어머니가 결정한다. 자신의 새끼가 어떤 개체들을 '친숙한 동족'으로, 즉 '친족'으로 생각하고 대접해야 하는지 행동으로 결정하는 당사자도 어머니이다."[118] 그러므로 어머니는 누가 가족이고, 누가 가족이 아닌지를 결정한다. 어머니가 중앙에 자리를 잡고서, 특히 실존적 위기의 시기에 최후까지 종족 보존의 책임감을 느낀다.

남자들은 공동체가 팽창하는 시기에 가족의 우두머리 역할을 맡는다. 그러니까 지금껏 경험해왔던 사회가 바로 그런 경우였다. 남자들은 특히 혼자일 때 위험한 모험을 불사하며, 모르

가 족

는 길을 개척하고 격렬한 경쟁을 벌인다. 또한 추가 번식 기회를 획득하기 위해 사회적 권력을 키우고 체계적으로 사고한다. 하지만 수축하는 사회에 부족한 모든 것, 즉 사회 능력, 공감, 이타주의, 협동심 등은 여성들에게 집중되어 있다. 진화심리학, 두뇌 연구, 인류학, 심리학이 입을 모아 동의하는 대목이다.

남자와 여자는 원칙적으로 동일하지만 주변 문화로 인해 다른 존재가 된다는 논리는 거의 설득력을 잃었다. 실제 이런 논리가 오랜 세월 우리를 그릇된 길로 이끌었다. 여성이 강한 감성적 자질을 겸비했고, 나아가 우리 공동체의 창시자라는 주장이 모든 여성들이 그렇다는 말은 아니며, 많은 페미니스트들의 우려처럼 여성을 어머니 역할에 고정시키려는 처사도 아니다. 오히려 미래의 자원 배분을 예상하고, 그것에 대비하는 데 도움이 되는 주장이다.

시계를 되돌릴 수는 없다. 21세기 중반까지 출산율은 떨어질 것이고, 전통적 형태의 가족과 현대식 비가족의 분배는 점점 일방적이 되어갈 것이다. 독일의 경우 현재 유럽 국가들 중 출산율이 최고로 낮다. 1960년에 태어난 여성의 경우를 살펴보자. 1960년에 태어난 여성 중 26%가 낳은 아이가 같은 해에 태어난 여성이 낳은 아이의 절반을 차지한다.[119]

많은 학자들의 생각대로, 어쩌면 우리는 정말로 패가 새로

섞이게 될 새로운 진화 단계로 진입 중인지도 모른다. 한 사회가 외부로부터 위협을 받으면 강한 자와 사회를 보호할 수 있는 자를 알아보는 일이 시급해진다. 하지만 사회가 내부에서 변화할 때는, 다시 말해 아이를 더 이상 낳지 않아 심각한 고령화가 진행되고, 사회 자산의 가치가 절하되며, 친족의 결속력이 약화될 때는 가족이나 가족과 흡사한 네트워크를 형성할 수 있는 사람을 알아보고 그 사람과 잘 지내는 것이 중요하다.

과거 50년 동안의 연구 결과가 입증하듯이 여성은 가족을 유지하는 데 핵심적 역할을 맡게 될 것이며, 앞으로 점차 전통적 가족을 대체하게 될 친구의 네트워크를 구축하고 안정화시키는 데도 중요한 역할을 맡게 될 것이다.

사이먼 배런 코언은 실험을 통해, 사회적으로 습득된 행동은 근본적으로 중요하지 않다는 사실을 입증했다. 로지 산부인과 병원에서 생후 하루가 지난 신생아들에게 웃고 있는 여자의 얼굴과 추상적인 모빌을 보여주었다. 신생아들인데도 남녀의 차이가 확연했다. 남자아이들의 경우 모빌을 쳐다보았고, 여자아이들의 경우 사람 얼굴을 훨씬 더 오랫동안 응시했다.[120]

남녀의 사회 의식은 일생 동안 같지 않다. 아들과 딸이 부모를 부양하는 동기를 장기간 분석한 결과, 학자들은 명확한 차이점을 발견할 수 있었다. 아들은 유산을 고려하고, 또 책임감 때문에 부모를 부양한다고 설명했다. 반면 딸에게는 단 한 가지 이유밖에 없었다. 부모를 사랑하기 때문이었다. 아들은 주로 자기 관심에서 부모를 부양하고, 딸은 이타심에서 부모를 부양했다.[121] 앨리스 로시(Alice Rossi)와 피터 로시(Peter Rossi)의 역작 《인간의 유대(On human bonding)》에 따르면 인간적이든 재정적이든 엄마와 자식의 교류는 노후에 이르기까지 아버지와의 관계를 훨씬 웃돌았다.[122]

물론 그렇다고 해서 아들들이 늙은 부모를 봉양하지 않는다는 말은 아니다. 어느 시대나 희생정신이 강한 남성들이 있었고, 지독히 이기적인 여성들이 있었다. 가정법원을 한 번 슬쩍 들여다보기만 해도 그런 경우들은 충분히 있다. 하지만 통계적으로 보아 감성 자원이 남녀에게 다르게 분포되어 있다는 사실에는 변함이 없다.

가장 설득력 있는 결과는 남녀의 두뇌 차이를 입증한 두뇌 연구에서 확인할 수 있다. 배런 코언의 말을 들어보자. "여성의 두뇌는 주로 감정 이입을 향하도록 되어 있고, 남성의 두뇌는 주로 이해와 시스템 건설을 향하도록 '배선'이 되어 있다."[123] 증폭된 동감 능력의 한 형태인 감정 이입은 언어를 집중적으로 이용하고, 뛰어난 언어 활용으로 사회 관계를 만들어내고 유지한다.

이 분야에 관해서도 지난 몇 년 간 산더미 같은 연구 결과가 나와 있다. 여성이 '우리'라는 말을 얼마나 자주 사용하는지, 얼마나 협동심을 강조하며, '내'가 강한 환경에 어떻게 반응하는지, 외톨이들과 가족 없는 독신들을 어떻게 통합시킬 수 있는지를 연구한 기록들이다.

언어 자질을 통해 여성은 친밀한 관계를 만들며, 친족 및 친구 관계는 물론 '가상의 친족' 관계도 만들어낸다. 이웃집 아줌마는 이모가 되고, 의사 선생님은 삼촌이 된다. 여자아이는 남자아이에 비해 한 달 일찍 말을 시작하고, 여성은 남성에 비해 언어 기억력이 우수하며, 이는 '80세 여성 노인에서도 확인할 수 있는' [124] 우월함이다. 직장 내 대화를 연구한 결과를 보아도 '여성은 직장과 관계없는 편안한 담소를 남성에 비해 월등하게 자주 나눈다. 이는 사회 관계의 결합과 강화에 기여한다. 여성은 소통의 길을 열어두기 때문에 긴장이 발생해도 훨씬 쉽게 풀 수가 있다.' [125]

물론 여기에도 지뢰밭은 있다. 남성이나 여성 어떤 쪽의 행동방식이 도덕적으로 더 낫다거나 나쁘다고 말할 수는 없다. 도덕성과는 아무런 관계가 없다.

남성과 여성의 진화 생물학적 프로그래밍은 공동체를 위해 특정한 목표를 수행한다. 돈너 계곡에서 몇몇 남성들은 나무를 하느라 자신이 생존할 수 있는 기회가 줄어들었지만, 그를 통해 사람들의 행복에 기여했다. 반면 여성들이 협동적·사회적·소통적 능력을 발휘하는 곳이면 어디서나 가족과 유사한 구조가 형성된다. 뉴질랜드 웰링턴의 지하세계를 대상으로 조사한 결과에서도 알 수 있듯이, 남성이 득세하는 사회 환경에서도 결과는 마찬가지였다. 우리 문화에서는 여성의 사회 능력이 긍정적으로 코드화되어 있지만, 그렇다고 해서 이 말이 여성의 행동 동기는 모두 숭고하다는 의미는 아니다.

세계 모든 마약시장이 그러하듯이 웰링턴 마약 시장은 신뢰와 충성심, 협동심이 전무한 경제 시스템이다. 그런 시스템에서 여성은 위계 질서의 맨 아래 단계에서 착취당하는 피해자의 역할을, 남성은 사회적으로 득세하는 가해자의 역할을 맡으리라는 것이 일반적인 생각이다. 하지만 바바라 덴턴(Barbara Denton)과 패트 오말리(Pat O'Malley)는 이와는 정반대로 여성 마약 거래상들이 지하세계의 각 단계마다 산재해 있고, 그 중 몇몇은 많은 남성 딜러들과 일꾼들을 부리고 있다는 사실을 밝혀냈다.

여성 마약 거래상들은 남성 '사업 파트너들'보다 훨씬 효율적으로 거래를 '집안일'로 만들었고, 자신의 사업 환경에서 친족과 유사한 충성 관계를 구축했다. 남성들의 경우 오래전에 가족과 결별한 경우가 많았는데, 여성들은 가족과 긴밀한 협동 관계를 유지하면서도 동시에 직접적 친족의 범위를 가상으로 확대시키고, 외부인을 입양하고 관계를 만들어나가는 데 아무런 문제가 없었다. 이 모든 것은 이탈리아 마피아처럼 여러 세대 동안 협동하며 살아온 대가족이 아니라, 대부분 가족이 이미 붕괴된 사회 환경에서 일어난 일이었다.[126]

  근본적으로 우리는 이런 효과를 무의식적으로 깨닫고 있다. 일상생활이나 문학 작품을 보면 가족을 위해 희생하며 평생 독신으로 살아온 여성을 본 적은 있지만, 같은 일을 한 남성은 본 적이 없다. 여성과 남성의 가장 근본적인 차이 중 하나가 감성적 도움의 교환, 사회 자산의 주고받기에 있다는 사실은 여러 연구를 통해 이미 입증되었다. 스트레스를 받을 때도 여성은 '다른 사람과 연대하고 싶다는 소망이 남성에 비해 훨씬 뚜렷했다.'[127]
  여성의 사회 지능이 발휘하는 신뢰 구축 효과의 실례는 무궁무진하다. 날로 줄어가는 자녀의 숫자만 보더라도 지난 몇 년 동안 학계의 관심이 이런 여성의 자질에 쏠리고 있는 것은 결코 우연이 아니다. 암컷 생명체는 사회 진화를 조종한다. 이것이 현대의 한 연구 조사가 내린 결론이다.[128] 수십억 년을 거치면

가 족

서 이런 능력이 왜 만들어졌는지에 대한 연구는 아직 없다. 여성은 남성에 비해 힘이 약하고 자신을 보호할 수 있는 능력이 떨어지며, 임신을 하면 조심해야 하고 새끼가 딸리면 자유롭지 못하기 때문에 남성에 비해 강력한 사회적 연대의 이득을 훨씬 많이 본다. 남녀의 사회 자산을 연구한 조앤 세비지 (Joanne Savage)와 사토시 가나자와는 이런 결론을 내렸다. "여성들은 강력한 결합을 구축하고 유지할 수 있는 일련의 심리 기제를 발전시켰다."[129]

재편성되고 있는 우리의 수축하는 사회는 사회 네트워크,—이런 과정이 제일 먼저 시작되었던—매체에서는 물론이고, 제도의 중심에서도 원하건 원하지 않건 여성의 이런 장점을 자주 활용해야 할 것이다. 능력을 구비한 인력으로, 실존적으로는 어머니로, 가족 내에서는 할머니로 여성들은 다급한 요청을 받을 것이며, 가족이 부족한 세계의 현실적인 시장 공백을 메워줄 것이다.

이런 재편성의 과정은 이미 오래전에 시작되었다. 후손이 부족하여 그 과정이 가속화되고 있다. 이 과정은 우리 사회의 생물학적 · 사회적 · 문화적 시스템을 동시에 공략하며, 오늘날의 어찌할 바를 모르는 아이러니한 성 담론이 머지않아 너무나 당연한 현상이 될 수도 있을 것이다. 복지국가가 위기에 처한 상황에서 생활 형태나 권력만으로는 문제가 해결되지 않기 때문이다. 중요한 것은 이런 생활 형태를 가능케 하는 사회 자산을 어디서 마련해야 할 것인가이다. 또한 가족의 형성과 번식 문제에서는 우리가 인정하고 싶은 것보다 훨씬 더 생물학적 결정 요인에 예속되어 있는 사회적 과정이 중요하기 때문에, 앞으로 우리에게 닥쳐올 일을 예상하기 위해 자연을 둘러보는 것도 나쁘지는 않을 듯하다.

▋ 출산

사회가 위기에 빠지거나 한 종의 개체수가 종의 존재를 위협할 정도로 줄어들면 자연은 영원히 여성적인 것에 올인한다. 이 사실은 공동체의 위기 상황에서 잘 드러난다. 보통의 경우 여성과 남성의 출생 비율은 여성 100명당 남성 106명이다. 남성이 여성보다 더 위험한 삶을 산다는 단순한 이유 때문이다. 그런데 불가항력의 위기나 재앙의 순간처럼 위험한 시기가 닥치면 이 비율이 급전된다. 그리하여 1952년의 런던 스모그, 브리즈번 홍수, 세베소 다이옥신 재앙, 고베 대지진이 발생했을 당시 남

녀 신생아 출생 비율은 급반전되었다. 갑자기 남자아이의 출생률이 떨어졌던 것이다.[130)]

이런 현상이 일어난 원인에 대해 의견이 분분하지만, 대부분의 학자들은 어머니가 극단적인 스트레스 상황에 처하면 여자 태아보다 남자 태아가 더 많은 피해를 입는다고 가정하고 있다. 그 결과 극도의 위기 상황에서는 여자아이가 우대를 받는다. 또 하나 놀라운 사실은, 진화가 위기 상황으로 취급하는 경우는 지진이나 전쟁 같은 특별한 자연 재앙에 한정되지 않는다는 사실이다.

경제적 · 사회적으로 받는 스트레스, 높은 실업율, 급변하는 사회 역시 여자아이의 출생 비율을 높일 수 있다. 이런 주장의 타당성은 최근에 와서도 여러 번 입증된 바 있다. 예를 들어 1991년 구동독에서는 제2차 세계대전 이후 처음으로 신생아의 남녀 비율이 심각한 불균형을 보였다. 여자아이의 출생 비율이 훨씬 높았던 것이다. 학자들은 이런 '재분배'가 통독 이후의 경제 붕괴와 직접적인 관련이 있다고 보았다.[131)] 그래프를 보면 1991년의 성비 불균형이 1946년 이후 최고 수준이라는 사실을 알 수 있다.

경제 자산이 가치 절하되는 시대, 사회 자산을 지키는 여성들의 중요성이 부각되는 듯한 느낌마저 든다. 거시 경제학적 발전과 여성이 희망하는 자녀 수가 밀접한 관련이 있다는 깨달음은 새삼스러운 일이 아니다. 다만 이런 연관 관계가 이성과 의식적 결정의 차원에만 해당되는 것이 아니라는 사실이 이제 와서 명확해진 것이다. 따라서 희망 자녀 수는 실제 인구통계학적 요인이나 연금 보장 같은 이성적 논리를 통해서는 절대 영향을 받지 않는다.

경제 위기는 무엇보다 신생아의 성비를 결정하는 생물학적 메커니즘에 영향을 미친다. 아마 이런 현상은 가장 눈에 띄는 증상일 뿐이다. 그것 말고도 생물학과 경제학의 밀접한 관계가 인간

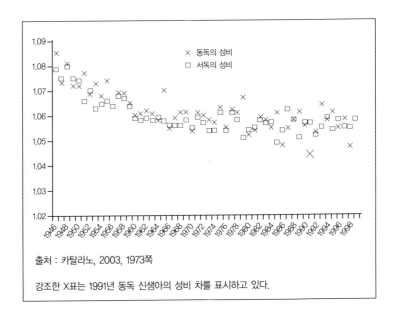

출처 : 카탈라노, 2003, 1973쪽

강조한 X표는 1991년 동독 신생아의 성비 차를 표시하고 있다.

가 족

에게 미치는 영향력이 수없이 많지만, 아직 그것에 대해서는 알려진 바 없다. 다음에서 설명할 연관 관계에의 이유를 지금껏 발견하지 못했던 것도 다 그 때문이다. 불과 일 년 후인 1992년 구동독의 경제 상황이 안정되면서 남녀의 비율은 다시 균형을 되찾았다. 하지만 그 직후 구동독의 출산율은 놀랄 정도로 급감했다. 여성 1인당 0.7명으로 전 세계적으로 유례가 없는 최저 수준이었다.

이는 위기에 처한 국가에서만 나타나는 현상이 아니다. 2005년 미국의 한 연구팀도 입증했던 현상이다. 거의 3년에 걸쳐 캘리포니아에서 실업율이 증가하자 남자아이가 태어나는 숫자가 줄어든 것이다.[132]

물론 그런 식의 변화가 성비를 전복시키거나, 특히 이주로 인해 동부에서 발생한 결혼 시장의 난국을 타파하지는 못할 것이다. 사실 위기 상황에서 자연이 여성에게 베푸는 특혜가 신생아의 양적 성비에만 국한된다면 통계학자들에게 알아서 하라고 맡겨버리면 그뿐이다. 하지만 그 뒤에는 더 많은 진실이 숨어 있다. 한 사회의 인구가 유지되거나 증가하는 데 있어서 남성의 숫자와는 거의 관계가 없고, 오로지 여성의 숫자에 따라 좌우된다는 것이다.

딸들

어머니들이 공동체를 형성하고, 국가를 어머니에 비유하는 것은 태곳적 신화의 주제였다. 투쟁하는 여성들을 재창조한 타키투스의 《게르마니아》에서 시작하여 19세기 초 하인리히 폰 크라이스트(Heinrich von Kleist)의 송가 《게르마니아가 자식들에게》를 거쳐 19세기 후반의 게르마니아 숭배에 이르기까지 서양 사회는 늘, 특히 변혁의 시대나 위기의 시대가 되면 어머니와 이브의 역할을 장식으로 삽입한 이야기들을 마련했다. '하지만' 여성 역사학자 우테 프레베르트(Ute Frevert)의 말대로 '게르마니아가 직접 자기 딸들에게로 향하는 장면은 없다.' [133] 바로 이런 점이 이제 변할 수 있는 것이다.

속도는 느리지만 독일에서는 아들보다 딸을 선호하는 경향이 나타나고 있다. 아직까지는 반의식적이지만 막스 플랑크 인구통계 연구소의 힐케 브로크만(Hilke Brockmann)의 말대로 딸을 선호하는 것은 얼마 안 가 희망사항으로 발전할 것이다.

"이 순간 우리가 예언할 수 있는 것은 복지국가의 발전과 더불어 선호도가 변할 것이라는 사실이다. 늘어난 여성의 경제활동과 고령화의 부담으로 인해, 한 자녀 가정에서는 장차 식구들

을 먹여 살리고 돌보는 역할을 둘 다 할 수 있는 딸의 가치가 상
승할 것이다."[134]

  딸에 대한 선호가 우리 사회를 어떻게 바꾸어놓을지 정확하
게 상상하기는 힘들다. 원하는 딸이 태어나지 않으면 어떻게 될
것인가? 사라 흐디의 표현대로 서구 사회는 장기적으로 볼 때
남녀 중 어느 쪽이 자신의 목표에 가장 필요한지에 따라 아주
능숙하게 일종의 출산 '정밀조정'을 실시한다.[135]

  그런 생물학적 동기의 성 선호도가 전혀 불가능할 것 같은
지점에서도 우리 문명에 얼마나 강력한 영향을 주는지, 2002년
워싱턴 대학교의 경제학자 셸리 런드버그(Shelly Lundberg)와
일라이나 로즈(Elaina Rose)가 그에 관해 연구한 바 있었다. 그
들의 관심 대상은 남성과 여성의 임금 격차 여부가 아니었다.
그보다 훨씬 흥미진진한 문제, 즉 같은 일을 했을 때 아들을 가
진 아버지와 딸을 가진 아버지의 보수가 다를지의 여부였다. 이
런 경우 생물학의 예측은 상당히 명확할 것이다. 상태가 양호하
다면 자연은 딸보다는 아들에게 사례를 지불했다.[136]

  이제 우리는 무엇을 추가할 수 있을까? 아이의 성이 아버지
의 근로소득에 미치는 효과에서 특기할 만한 결과가 나왔다. 아
들을 가진 아버지가 딸을 가진 아버지보다 연간 근로시간과 수
입이 현저하게 높았다.[137] 이와 같은 현상은 2005년에 독일에

서 나온 한 연구서에서도 발견되었다. 첫째 아이가 아들인 경우 아버지의 연간 근로시간은 100시간이나 더 많았다.[138]

따라서 이런 결론이 나올 수밖에 없다. 아버지는 첫딸보다는 첫아들을 위해 일을 더 많이 한다. 아들이 더 많은 자원을 필요로 한다고 생각하기 때문이다. 따라서 주로 딸을 원하는 사회는 자원을 그에 맞게 딴 곳으로 돌릴 것이다. 서구와 이슬람 문화의 정신적·정치적 갈등의 배경에서도 이런 변화를 읽어내야 한다. 고령화되고 있는 유럽 사회는 딸을 더 많이 원하는 반면, 젊은 이슬람 세계는 여전히 아들에 대한 선호도가 뚜렷하다.

물론 그렇다고 해서 장차 독일에서 아들이 부양자나 지원군의 역할을 하지 않을 것이라는 말은 절대 아니다. 복지국가가 개인에게 믿을 것은 자기 자신이나 가족뿐이라고 외치는 상황에서 절대 그럴 수는 없다. 돈너 계곡에서도 그랬듯이 남자는 여전히 공동체에 필요한 나무꾼과 사냥꾼으로 남을 것이다. 아들이 시기 적절하지 않다는 사실이 중요한 것이 아니다. 새삼 딸에 대한 수요가 탄생했다는 사실이 흥미로운 것이다. 아들은 돈을 벌고 식량을 공급하는 가족의 중요한 지원군이다. 하지만 아들에게 여성화된 경향이 있는데도 불구하고 친족의 간병을 할 만한 능력은 물려받지 못했다. 그러므로 아들은 딸이 한꺼번에 할 수 있는 일들을 해낼 수가 없다. 딸은 사회적으로 능력을 발휘할 수 있고, 간병과 부양을 맡아줄 수 있다. 이처럼 점점 성장하는 가능성 덕분에 딸은 현대 사회 역사상 최초로 양성의 기능을 다 맡을 수 있게 될 것이다.

딸은 사회가 불안정하면 할수록 더더욱 중요해지는 사회망의 중심점이다. 노후에 부양받기를 바라는 부모라면 아들보다 딸을 더 믿는다. 딸은 부모를 도와줄 뿐 아니라, 다른 지역에 살고 있을지라도 부모와 접촉을 자주 한다. 전 세계적으로 보면 도시로 이주한 딸이 시골에 사는 부모에게 돈을 보내고, 부모가 남보다 뒤쳐지지 않도록 물심양면으로 애쓰고 있다. 딸들이 도시로 이주하기 힘든 지역에서는 딸이 진 가상의 채무 변제와 같은 동기도 큰 역할을 할 수 있다.[139]

다시 한번 말하지만 이 모든 것은 법칙이 아니다. 두뇌 연구와 진화생물학에서 예상하는 것과 전혀 다르게 생각하고 행동하는 사람들이 있는 법이다. "생물학은 운명이 아니다." 미국 정치학자 프랜시스 후쿠야마(Francis Fukuyama)가 말했다. 하지만 우리는 이 말에다 '생물학의 유산은 우리가 밀어내도 우리 인생의 시나리오를 공동 집필하고 있다.'는 구절을 덧붙일 수 있을 것이다.[140]

보통 위기와 변혁의 시대에는 딸이나 여성의 도움을 받으면 보다 가깝게 목표에 도달할 수 있다. 여성은 어머니로서 가족의 핵심이며 사회망의 중심이고, 딸과 자매로서 세대를 초월한 '도덕적 경제학'의 전문가들이다. 그뿐이 아니다. 우리는 여성과 더불어 사회를 개혁할 일종의 특수부대도 만들 수 있다.[141]

10년 전에 세계은행 총재인 제임스 D. 울펜슨(James D. Wolfensohn)이 말했다.

"사내아이를 키우면 한 사람을 키우는 것이지만, 여자아이를 교육시키면 온 나라를 교육시키는 것이다."[142]

이 말은 우리가 아이들의 책가방에 짐을 더 밀어 넣는다는 의미이다. 문제는 우리가 남긴 빚이 아니다. 도움이 될 만한 조력자가 적어서 그들이 겪어야 하는 정서적 스트레스도 아니다. 현재의 문제는 자기 실현의 욕구가 아니라, 주변 상황 때문에 억지로 받아들이게 될 삶의 형태와 교육의 이력들이 새롭게 창조된다는 데 있다.

훗날 2000년생 여성들은 어머니나 언니들에게는 선택 사항이었던 자식과 출세 사이의 모든 생활 형태들을 조화시켜야 한다. 앞으로 10년만 지나면 산업체와 경제계는 소수의 젊은 인력을 두고 분배 전쟁을 겪게 될 것이다. 2050년까지 유럽 연합에서 25세에서 44세까지의 연령대가 최소한 20% 감소할 것이므로—몇 개국에서는 심지어 감소 비율이 30%에 이를 것이다—경제활동을 하는 여성 인력에 대한 수요가 급증할 것이다. 적어도 그때가 되면 여성들은 2가지 임무를 동시에 소화해야 한다. 국민총생산을 늘리고, 후손을 낳아 나라를 부양해야 하는 것이다. 그네들이 하지 않는다면 누가 그 일을 한단 말인가?

하지만 그것이 전부가 아니다. 여성들은 자연과학과 기술 부문의 직업으로 대거 진출해야 한다. 남성의 부족분을 메워야 할 뿐만 아니라, 인적 자원의 소비, 열악한 교육 환경과 부족한 통합 조치로 인해 기회를 말살당했던 사람들의 몫까지 대신해주어야 한다. 시간이 촉박한데도 아직 우리가 그 심각성을 깨닫지 못하고 있는 교육 문제가 이 사회와 젊은 여성들에게 임박해 있는 것이다.

사회는 최소로 줄어든 여성들에게 두 가지 모순되는 요구를 하고 있다. 여성은 동년배 친족이 날로 줄어드는 상황에서 다세대 가족에게 사회 능력을 투자해야 하며, 와해되고 있는 네트워크를 결속시켜야 한다는 책임감을 남성에 비해 훨씬 강하게 느낄 것이다. 그들의 부모가 딸을 원했던 것은 바로 그 때문이었다. 그와 동시에 진화사적으로 남성이 점령하고 있었고, 여성의 감정이입 능력이 오히려 방해가 되는 직업까지도 떠맡아야 한다.

몇 년 전 미국 전역에서 인재 발굴에 나선 학자들이 재능이 뛰어난 7학년 학생들을 대상으로 조사를 실시했다. 그 결과를 소개한 진화심리학자 스티븐 핑커(Steven Pinker)가 말했다.

"그들은 2차 페미니즘 물결의 와중에서 태어났기 때문에 부모들이 그들의 재능을 적극적으로 개발했고(모두가 수학 및 자연과학 여름방학 프로그램에 참가했다) 자신의 능력을 완벽하게 인지하고 있었다. 그런데도 재능이 뛰어난 여자아이들은 인간 및 사회적 가치, 인간적 목표와 이타주의적 목표에 관심이 많았던 반면, 재능이 뛰어난 남자아이들은 사물, 이론적 가치, 추상적이고 정신적인 문제에 더 많은 관심을 보였다. 대학에서도 여대생들은 정신과학, 자연과학, 예술 분야의 학과에 골고루 분포되어 있는 반면, 남학생들은 수학과 자연과학 분야에 집중되어 있었다. 수학, 물리학, 공학 분야에서 박사학위를 받은 남학생의 비율이 8%인 데 반해 여학생의 비율은 1%가 채 안 된다는 사실은 이런 상황을 고려할 때 놀랄 일이 아니다. 대신 여성들은 의학, 법학, 정신과학, 생물학 등을 공부했다."[143]

이처럼 학습 성과에 미치는 문화적 영향이 여전히 지대한 현실에서, 앞으로는 자연과학 학과에서 남학생과 여학생을 분리해 수업을 하는 편이 바람직할 수도 있을 것이다. 최근에 와서 미국에서 밝혀진 바에 의하면, 이주민 여대생들이 미국에서 태어난 여대생들에 비해 정보학 부문에서 훨씬 두각을 나타냈다. 그 이유는 이주민 여성들은 미국 여성들과 달리 여학교에서 교육을 받았고, 따라서 남성의 학문 영역에서 비합법적으로 얼쩡 거리고 있다는 느낌을 내면화하지 않았기 때문일 것이다. 그러므로 여자아이들을 자연과학과 기술 분야에 대비해 특별 준비를 시키는 것이 의미 있을 수도 있겠다.

이 문제 역시 배타적인 태도는 바람직하지 못하다. 중요한 것은 변화된 상황에 적응하는 것이다. 자연과학과 기술 분야의 관심만 강조해 차세대 여성들의 정신과학, 예술, 의학적 관심에 제동을 거는 것은 바람직하지 못하다. 여성들을 문화적 기억의 지킴이로 만드는 것이 바로 이런 관심들이기 때문이다.

하지만 우리 딸들이 지고 갈 무거운 짐은 이것이 다가 아니다. 그들이 추가로 짊어지게 될 첫 번째 짐은 부족한 연금과 제 기능을 다하지 못하는 간병보험 탓에 그들이 조부모, 부모, 자식 없는 친족을 정서적·물리적으로 보살펴야 한다는 것이다.

두 번째 짐은 거의 강제에 가까운 경제활동이다. 전통적으로 남성의 영역으로 간주되었던 분야에서도 여성들이 맡아야 할 몫이 날로 늘어날 것이다.

거기에 세 번째 짐이 추가된다. 자식을 더 많이 낳으라는 외침이다. 인구통계학적 빙하기가 닥치기 직전의 적막감이 감돌고 있는 유럽 사회가 언젠가 진짜 정신을 차리게 되면 외침의 톤도 달라질 것이다. 더 크고 더 집요하며 더 끈질기게 변할 것이다. 자식의 부재에 관해 추상적으로 이야기를 나누는 것도 일이지만, 일상생활에서 그 결과를 자각하게 되는 것은 전혀 다른 문제이니 말이다.

2026년의 젊은 여성들은 이런 외침에 어떤 반응을 보일까? 성장 중인 그들은 지금 이미 무의식적으로 가족과 자식에 대해 결정을 내려둔 상태이다. 그들은 자기 인생의 교훈을 전달해줄, 우리 사회에 아직 한동안 일조하게 될 자의식 강한 어머니들의 딸들인 것이다.

할머니들

독일 전후 문학의 진정한 첫 영웅 《양철북》의 오스카 마체라트를 포함하여 남성의 전 세대는 상황이 심각해지면 할머니 치마 속으로 도망을 쳤다. 세계를 통 털어 건국 신화에 동굴이 등장하는 이유이다. 2030년이 되면 산업 국가의 여성 평균 수명은 90세로 늘어날 것이다. 지금도 60세 이상의 노인 중 2/3가 여성이고, 70세 이상 노인의 3/4이 여성이다. 전 세계적으로 재생산 단계가 끝나 생물학적으로 더 이상 자식을 낳을 수 없는

가 족

여성들이 세계 인구의 15%를 차지하고 있다.[144]

돈너 계곡의 교훈은 오늘날의 남성들에게도 적용된다. 사냥을 하거나 나무를 하거나 노다지를 캐지 않아도 남성의 평균 수명은 여성보다 거의 10년이 짧다. 21세기 중반까지 독일과 이탈리아에서 50세 이상 여성의 비율이 31%까지 상승하게 된다면 향후 이들은 중요한 유권자 그룹으로 성장하게 될 것이다.

이런 과정을 '노년의 여성화'라 부르고 있지만, 이처럼 부드러운 개념으로는 이런 변화가 몰고 올 사회적·혁명적 결과를 도저히 담아내지 못할 것이다. 문제는 왜 여성들이 재생산 시기를 다시 한번 한평생에 가까운 기간까지 연장할 수 있느냐 하는 것이다. 우리가 알고 있는 그 어떤 생물종도 그런 경우는 없다. 대답을 찾다보면 돈너 계곡의 추위와 섬머랜드의 아수라장으로 돌아가게 된다.

최근 인류학과 진화심리학은 45세 이상 여성들의 중요성에 관심을 기울이고 있다. 이런 관심은 분명 산업사회의 인구통계학적 변화와 더불어 부상한 것이다.[145]

에크하르트 폴란트(Eckhart Voland)가 말했다.

"언젠가 인간이 되는 과정에서 지금도 인류학자들을 헷갈리게 만드는 일이 일어났다. 도움을 주는 할머니들이 인생의 무대에 머무르는 시간이 눈에 띄게 길어졌던 것이다."[146]

할머니들은 본성상 '이타적으로' 만들어진 듯하다('본성상'이라는 말을 붙였듯이 모든 할머니가 이타적이라는 뜻은 아니다). 할머니들은 딸들의 자녀 양육을 도움으로써 손자의 생존율을 높인다. 아프리카와 인도에서 실시한 연구 결과를 보면, 할머니나 나이 많은 여성의 존재 여부가 손자의 건강, 키, 지능에 결정적인 영향을 미친다는 것을 알 수 있다.[147] 쿵 족과 그들의 생활 방식 역시 발생학적으로 볼 때 나이 많은 여성들이 손자의 교육에 필요한 '생필품'이 되어버렸다는 사실을 잘 보여준다. 그들의 긍정적 효과는 곳곳에 기록으로 남아 있다.

이런 젊은 여성과 늙은 여성의 노동 분업은 사실 따지고보면 놀랄 일도 아니다. 사라 흐디의 말을 빌리면, 자식 한 명을 키워 독립시키기까지 우리 조상들은 어림잡아 1300칼로리를 투자했다. 여성들은 큰아이가 독립하려면 아직 한참 남았을 때 둘째아이를 낳는다. 어디서 도움의 손길을 기대할 것인가?[148] 모든 정황으로 미루어볼 때 꼭 필요하기는 하지만 믿을 수 없는 아빠 대신 할머니들이 도움을 주었다고 볼 수 있다.

그렇다고 해서 미래 여성 노인들의 임무가 후세대의 양육이라는 말은 아니다. 물론 그런 발전의 경향을 무시할 수는 없지만 말이다. 몇 년 전에도 손자들을 키우느라 완전히 초죽음이 된 할머니들이 《워싱턴포스트》지에 심경 고백을 한 적이 있었다.[149] 최근 독일에서 실시한 연구 결과도 '할머니 가설'을 입증했다. '외할머니는 친할머니에 비해 손자들을 훨씬 자주 본다. 독일 할머니들이 손자 양육에 가장 매여 있었다.'[150]

나이 든 여성들이 친족이나 사회에 대한 봉사의 메커니즘을 발달시킨 이유는 버림받을지 모른다는 두려움 때문이었다. 남자들은 늙을 때까지 살지 않기 때문에 유익한 인간이 되어야 할 필요가 없었다. 돈너 계곡의 하드코프처럼 설사 늙어 노인이 되었다 한들 유익한 존재가 될 능력이 없었다. 하지만 여성들은 이런 원초적 두려움 때문에 사회적 행동 방식을 발달시켰고, 이런 행동 방식은 결국 가족 중에서 아무도 버림받지 않게 되는 결과를 낳았다. 이에 사라 흐디는 "인간 공동체와 영장류 공동체의 암컷들은 생존의 비용을 줄이기 위해 도움을 주려고 한다. 인간 공동체에서는 늙은 여성이 식량을 모아 친족에게 갖다주고 나누어 먹는다. 식량 나누기—다른 영장류에서는 흔치 않은 일이며 음식의 종류상 중요하지 않은 일이다—는 인간 공동체에 이타주의가 눈에 띄게 성장할 수 있는 새로운 가능성을 열어주었다."[151]라고 말했다.

이 모든 것은 1700만 년 전에 대한 기억이 아니다. 한 사회는 생물학적으로도 영향을 받으며, 일정한 지점까지는 실제로 생물학이 운명이 된다. 구조의 손길, 도움의 손길, 애정의 손길이 필요할 경우, 후손이 빈곤한 세계에 후손을 낳겠다는 결정이 내려진 경우처럼.

가족이 많은 사회는 독신자가 많은 사회와 다르다. 젊은이들이 많은 사회는 노인들로 이루어진 사회보다 공격적이고 호전적이다. 그런 경험의 충격은—'젊은 독일'과 대치하며 인구정책을 추진했던 1914년의 프랑스처럼—모든 국가들에서 몇 세대를 이어 계속될 수 있다.

이제 우리는 새로운 경험을 하게 될 것이다. 과거 인내해야 했던 여성들은 인기 높은 딸들과 힘을 합하여 과거보다 훨씬 더 영향력 있게 사회를 좌지우지할 것이다. 문제는 그들의 진화 유산이 시급하게 필요한 네트워크, 가족이 없어 불안해할 사람들에게까지 경제적이지만은 않은 이타주의적 네트워크를 만들어나가는 데 도움이 될 것인지의 여부이다.

미국의 정치학자 프랜시스 후쿠야마는 한 걸음 더 나아가 이런 진화 유산이 정계에까지 확장될 것이라고 주장했다.[152]

에세이 《여성과 세계 정치의 진화》에서 그는, 수명 연장을 통하여 여성의 비율이 날로 늘어나게 될 것이므로 정치도 변화할 것이라고 예언했다. 10년 전 그의 에세이는 격렬한 비판을 받았지만, 지금 우리는 그가 정치나 매체에서 날로 무게를 더해가는 여성의 성장을 정확하게 예언했다는 사실을 인정할 수밖에 없다. 축소되고 사라지는 가족 구조의 유럽에서, 사회 내 가치 분배를 감시할 사람은 다름 아닌 여성 노인들이라는 것이 후쿠야마의 주장이다. 또한 가족의 규모가 줄어들고 태어나는 자녀의 숫자가 줄어드는 상황에서, 이들은 더더욱 자국의 군사 행동을 허용하지 않을 것이다. 1998년 후쿠야마가 말했다.

"여성의 상당수가 어떻게 투표할 것인지 예측할 수는 없다. 하지만 그네들이 더 많은 여성 정치인들을 지도부로 보낼 것이라는 예상은 가능하다. 전략 및 국제 연구 센터의 에드워드 러트웍(Edward Luttwak)은 가족 규모가 축소됨으로써 서구 국가의 국민들은 혈기 넘치는 젊은 남성들이 많은 농업 사회보다 훨씬 더 군사력 상실에 민감하게 반응할 것이라고 예상한다."[153]

이런 주장이 지나친 과장이라고 생각할 수도 있다. 혹은 그렇지 않을 수도 있다. 중요한 것은 외교정치 전략가가 보기에도 친족 자원의 결핍과 사회 내 여성 비율의 증가는 네트워크 수호자의 역할을 여성에게 일임하고 있다는 사실이다. 물론 여성이 더 나은 인간이라는 말은 절대 아니다. 하지만 우리의 공동체가 새롭게 탄생하느냐, 그렇다면 그 방법은 무엇인가를 결정할 당사자는 바로 할머니들, 어머니들, 딸들이다.

유 산 공 동 체

우리가 남길 수 있는 진정한 유산은 가족이
서로에게 하는 행동이 만인을 위한 행동이
라는 깨달음이다. 우리 아이들이 삶에서 실
천되는 모습들을 내면화한다면, 우리에게는
진정한 유산을 남길 막대한 기회가 있는 것
이다.

1995년 7월 13일 목요일, 시카고에 폭염이 몰려왔다. 너무
더워 소방관들은 장비가 녹을까봐 물 속에 담가둘 정도였다. 사
방에서 에어컨을 돌렸고, 불과 몇 시간도 지나지 않아 전기가
끊긴 곳이 생겼다. 사람들은 흥분하여 급수전을 틀었고, 몇몇
주거지의 수압이 급격하게 떨어졌다. 경찰과 소방관들이 급수
전을 잠그려고 하자 사람들이 돌팔매질을 했다.

7월 14일 금요일, 이미 수천 명의 시민들이 폭염 때문에 더
위를 먹고 병원으로 실려 갔다. 더위가 다시 수그러든 7월 20일
에는 사망자가 700명을 기록했다. 특히 한 지역에 사망자가 집
중되어, 독신 남성 65명이 사망했다. 당국은 이 남성들이 너무

가난하여 환풍기나 에어컨을 돌릴 수 없었다고 추정했다.

　뉴욕 대학교의 사회학과 교수 에릭 클리넨버그(Eric Klinenberg)가 이 문제에 관심을 보이기 전까지 이것이 공식적인 해설 방식이었다. 그는 자신이 밝혀낸 사실을 '불행의 사회적 사체 해부'[154] 라고 불렀다. 누가 어떤 이유로 사망했고, 누가 살아남았는지를 밝혀낸 재앙의 진단이었다. 20세기 말에 발생한 또 하나의 돈너 계곡 이야기였다.

　먼저 이때부터 약 150년 전 돈너 계곡에서 큰 역할을 했던 정황이 여기서도 되풀이되었다. 남성 희생자의 비율이 여성의 2배에 달했다. 인구통계학적으로 보면 정확히 정반대의 결과가 예상되었는데도 말이다. 시카고는 여성 노인 인구가 많고, 혼자 사는 노인들 중에서도 여성의 비율이 높았다. 놀라운 것은 그뿐만이 아니었다. 남성 노인 희생자의 대부분이 아파트에 갇혀 살았다는 사실이다. 치안이 불안하고 가난한 지역에서 그들은 문과 창문을 닫아걸었고, 이웃마저 위협적인 존재로 생각했다. 또 살아남은 여성들과 달리 그들은 친족 관계도 계속해서 최소한으로 줄여 나갔다.

　마주보고 있던 지역인 사우스 론데일의 상황은 정반대였다. 이곳에도 에어컨은 엄두도 못 내는 아주 가난한 사람들이 살았다. 하지만 사망자의 비율은 그냥 낮은 수준이 아니라 평균 이상으로 낮았다. 그 이유를 어떻게 설명할 수 있을까?

사우스 론데일에는 주로 라티노들이 살았고, 그들의 쾌활하고 가족 중심적인 문화는 막대한 신뢰의 자산을 창조했다. 친족은 서로를 존중했고, 친구는 친족에 버금가는 가까운 사이였다. 시카고에서 제일 가난한 지역이었는데도, 이 주민 집단의 폭염 희생자는 전체 인구의 2%에 불과했다.

기자들과 당국은 당장 라티노의 가족적 가치가 생존을 가능케 하였노라고 떠들어댔다. 하지만 클리넨버그는 초현대식 도시에서 이것은 생물학적 '가치'를 넘어서는 결과를 낳았다고 주장했다. 이 주민 집단은 가족이 모여 살았기 때문에 사회적·공간적 관계 역시 가족 결합이 가능하도록 형성되었다. 활발한 경제활동, 인파가 넘치는 광장과 거리, 그리고 무엇보다 계속 새로 만들어지는 여성이나 아이들의 친구 집단. 제 기능을 다하는 가족 네트워크는 공간을 변화시킨다. 한 TV 사회자는 이 며칠 동안 시카고는 탄생의 구역과 죽음의 구역으로 분할된 도시에 불과했노라고 말하기도 했다.

이로써 우리는 다시 우리 자신에게로 되돌아왔다. 미래에 대해 논의할 때면 우리 사회는 탄생과 죽음을 주제로 삼는다. 부족한 아이들과 사라지고 있는 젊은 인력에 대해, 또는 미래의 대규모 상속 개시, 즉 출생률 높은 세대가 유산을 물려주게 될 그 순간에 대해 이야기를 나눈다. 그것은 새 천 년 최초의 대규모 세대 간 양도, 또 한 번의 대규모 주고받기가 될 것이다. 누구는 뜨겁게 갈망하고 있고, 또 누구는 두려워하고 있는 그날은 향후 10년 안에 찾아올 것이다. 은행과 국가, 경제 잡지들은 쉬지 않고 그날의 의미를 따지고 있다. 1,500만 가구가 2조 유로를 상속하게 될 것이다. 실로 유례없는 과거의 미래로의 양도일 뿐 아니라, 거꾸로 미래의 현재로의 양도이기도 하다.

하지만 모두가 기뻐하지는 않을 것이다. 백만 명의 사람들이 아무것도 물려받지 못하거나 빚만 잔뜩 물려받을 것이며, 나머지 사람들도 대부분 기대는 크겠지만 예상할 수 있는 유산은 얼마 되지 않을 것이다.

그런데 그 이후에—처음에는 소수였다가 점점 더 많은 사람들에게—일어날 일들은 아주 이례적이고, 또 돈과는 아무 관련이 없다. 이제부터 전혀 다른 방식의 계산이 시작될 것이기 때문이다. 누가 아직 남았으며, 누가 누구와 관계를 맺고 있는가? 이를 두고 사회의 대규모 고아화의 시작이라 부를 수도 있겠다. 이 1,500만 가구 모두가 상속 개시를 통해 상대적으로 가까운 친족을 잃을 것이고, 그 중 대부분은 한쪽 부모나 양쪽 부모를 잃을 것이다. 할아버지와 할머니, 아버지와 어머니는 퇴장하고 성장한 자식들은 남았다. 물질적 유산은 사회 자산, 감성적·정신적 안정장치의 막대한 손실을 의미할 수도 있다. 우리는 집 안에 스스로를 가두는 인간이 될까? 아니면 새로운 네트워크를 구축할 수 있을까?

곡선이 상승했다가 떨어지고, 이는 우리 사회의 자기 경험의 일부이다. 하지만 이 하나의 곡선은 30년 동안 쉬지 않고 떨어지고 있다. 10년 이내에 30세 이하 남성의 희망 자녀 수가 15%, 여성의 희망 자녀 수가 5% 감소할 경우 '도덕적 경제학', 이타주의의 자원 역시 감소한다.[155] 이런 감소 현상으로 인해 고통받을 사람들은 훗날 노인이 되어 애정을 돈으로 살 수도 없으면서 타인의 간병에 의존할 수밖에 없는 사람들이다.

존폐의 위기에 내몰린 가족과 점점 줄어드는 인구에 대한 우려는 신성한 가족의 시대를 향한 보수적 동경이 아니다. 1974년 사회주의 계열의 역사가 해리 브레이버맨(Harry Braverman)이 내린 진단은 수많은 다른 사람들도 느끼고 있던 내용이었다.

"사람들은 가족, 친구, 이웃, 공동체, 노인과 어린이의 모습을 한 사회 조직 형태를 더 이상 바라지 않는다. 식량과 옷, 집은 물론 휴식, 오락, 안전, 노인과 어린이, 병자, 장애인의 보호까지도 시장을 통해 해결한다. 이제 곧 사회의 물질 및 서비스 욕구는 물론 인생 사이클의 모든 감성적 현상들까지도 시장이 결정하게 될 것이다."[156]

공동체를 가장 깊은 내면에서 결속시키는 것은 시장이나 국가가 할 수 없는 일이라는 것을 깨닫는 것이 급선무다. 부모와 자식이라면 돈이나 인정을 받지 못해도 하는 행동, 너무나 당연하기에 훈장도 사회 보험도 필요치 않은 행동, 하지만 이미 말했듯이 부족한 자산이 될지도 모르는 상황이기에 높은 가격을 지불할 그 당연함! 그것이야말로 공동체를 결속시키는 힘이다.

우리가 남길 수 있는 진정한 유산은 가족이 서로에게 하는 행동이 만인을 위한 행동이라는 깨달음이다. 돈너 계곡의 사건에서 시작하여 아들 있는 아버지의 수입을 거쳐 딸을 원하는 새로운 경향에 이르기까지 하나의 주제가 관통한다. 우리가 선택하지 않은, 우리가 선택당한 역할들이 있다. 그것이 희망을 준다. 우리 아이들이 삶에서 실천되는 모습들을 내면화한다면, 우리에게는 진정한 유산을 남길 막대한 기회가 있는 것이다. 모든 역할과 스타일과 시대를 완벽하게 소화할 수 있다는 우리의 믿음, 운명조차 프로그램에 불과하며, 인간의 자유 선택에 불과하다는 무언의 확신, TV를 통해 내면화된 그 확신은 우리가 원초적 힘과 유희하고 있다는 사실을 잊게 만들었다.

누가 있는가? 아니면 우리뿐인가? 몇 년 전 이런 질문을 던졌을 모두는 그들이 누구를 향하고 있었는지 금방 알아차렸다.

그들은 단 한 사람도 본 적 없는 우주와 은하계의 끝없는 광활함을 향하고 있었다. 이 문장이 쓰여지는 동안, 이 순간 5백만 인구가 컴퓨터의 네트워크를 통해 외계 생명체의 신호를 찾는 프로젝트에 참가했다. 우리를 도와줄 이가 있는가? 어느 날 이런 질문을 던지고 먼 곳을 바라보지 않아도 될 날이 올 수도 있을 것이다.

참 고 자 료

남자들

1) 사건 발생 시점부터 《캘리포니아 스타》는 사건을 선정적인 기사로 만들어 보도했다. 돈너 그룹이 살기 위해 일행을 잡아먹었다는 주장도 여기서 시작된 것이었다. 하지만 당사자들은 이런 주장을 계속 O반박했다. 2005년 말 오레곤 대학교의 고고학자들이 사건 현장을 발굴하여 그 결과를 발표했다. 선정적 기사의 진위를 입증할 만한 증거가 전혀 발견되지 않았다는 내용이었다. 결국 센세이션을 일으키고 싶다는 욕심, 신화를 만들고 싶다는 욕심이 만들어낸 결과였다. 물런의 저서(주 3) 역시 이런 선정적 기사를 여과 없이 여러 번 인용했다.

2) Reed Murphy, V.: *Across the plains in the Donner party.* With letters by James Reed. Hg. v. Karen Zeinert. North Haven, 1995.

3) Mullen, F.: *The Donner Party Chronicles. A day-by-day-account of a doomed wagon train* 1846-1847. Nevada, 1997, S. 37.

4) Mullen, S. 51.

5) Mullen, S. 252.

6) '공동체'와 '사회'의 차이에 관해 결코 간과할 수 없는 문헌이 있다. 나는 '공동체'를 일상적인 뜻

으로 사용하였다.

7) Grayson, D.K.: »Differential mortality and the Donner Party Disaster«, in: *Evolutionary Anthropology,* 1993, 2, S. 151-159.

8) Grayson, S. 151-159.

9) Grayson, S. 151-159.

10) Grayson, S. 151-159. Vgl. z.B. auch McCullough, J.M./Barton, E.Y.: »Relatedness and mortality risk during a crisis year: Plymouth Colony, *1620-1612.*« In: *Ethology and Sociobiology,* 1991, 12, S. 195-209.

후손

11) Grayson, S. 151-159.

12) Eberstadt, N.: »World population implosion?«, In: *Public Interest,* 22. September 1997, 129, S. 3-22.

13) *The Economist,* 25. September 1999.

14) Eberstadt, S. 3-22. Vgl. auch: Rogerson, P.A./Kim, D.: »Population distribution and redistribution of the baby-boom cohort in the United States: Recent trends and implications.« In: *Proceedings of the National Academy of Sciences (PNAS),* 2005, 102, 43, S. 15323.

15) Livi-Bacci, M.: »Demographic shocks: The view from hisory.« In: *Seismic shifts: The economic impact of demographic change.* Federal Reserve Bank of Boston Conference Series 46, 2001.

16) Grayson, S. 151-159.

운명 공동체

17) Jünger, E.: *Die Hütte im Weinberg.* In: Der s.: Sämtliche Werke. Bd. 20.

Stuttgart, 2000. 2. März 1946.

18) 대표적인 저서로 Bader, K.S.: »Das gegenwärtige Erscheinungsbild der deutschen Kriminalitat.« In: *Der Konstanzer Juristentag 1947.* Hg. v. Militärregierung des französischen Besatzungsgebietes in Deutschland, Generaljustizdirektion. Tübingen, 1947. 여기서는 물론 앞으로 빌렌바흐의 설명을 그대로 따르기로 하겠다. Willenbacher, B.: »Zerrüttung und Bewährung der Nachkriegs-Familie.« In: Broszat, M./Henke, K.D./ Woller, H.: *Von Stalingrad zur Wahrungsreform. Zur Sozialgeschichte des Umbruchs in Deutschland.* München, 1988, S. 595-618.

19) Willenbacher, S. 598.

20) Willenbacher, S. 600.

21) Willenbacher, S. 603.

22) Willenbacher, S. 613. 청소년의 낙관주의를 지적한 연구서로는 Barbara Willenbacher, Helmut Schelsky: »Die Jugend der industriellen Gesellschaft und die Arbeitslosigkeit« hingewiesen; In: *Arbeitslosigkeit und Berufsnot der Jugend.* Hg.v. Deutscher Gewerkschaftsbund, Bundesvorstand, Düsseldorf, Hauptabteilung Jugend. Köln, 1952, Bd. 2.

23) Livi-Bacci, S. 2f.

24) Uhlenberg, P.: »Mortality decline in the twentieth centry and supply of kin over the life course.« In: *The Gerontologist*, 1996, 36, 5, S. 601-106.

25) Udo di Fabio에게서 결정적으로 나타난다. vgl. Miegel, M.: *Die deformierte Gesellschaft. Wie die Deutschen ihre Wirklichkeit verdrängen.* Berlin, 2002.

26) Fabio, U. di: *Die Kultur der Freiheit. Der Westen gerät in Gefahr, weil eine falsche Idee der Freiheit die Alltagsvernunft zerstört.* München, 2005, S. 157.

27) Biedenkopf, K./Bertram, H./ Käßmann, M./ Kirchhof, P./ Niejahr, E./ Sinn, H.W./ Willenkens, F.: *Starke Familie.* Bericht der Kommission »Familie und demographischer Wandel«, Robert Bosch Stiftung. Stuttgart, 2005, S. 80f.

28) Biedenkopf/ at al., S. 81.

29) Schlesky, H.: *Wandlungen der deutschen Familie in der Gegenwart. Darstellung und*

Deutung einer empirisch-soziaologischen Tatbestandsaufnahme. Stuttgart, 1960, S. 96.

역할 놀이

누가 누구를 구원하는가?

30) Sime, J. D.: 》Affilative behaviour during escape to building exits.《 In: *Journal of Environmental Psychology*, 1983, 3, S. 36. Vgl. auch: Voland, E.: *Grundriss der Soziobiologie.* Heidelberg, 2000, S. 117.

31) 당연히 리처드 도킨스의 스테디셀러 《이기적 유전자》를 첫 손가락에 꼽는다. 그의 논리에 반박하는 일련의 행동 연구가들 중에서 가장 설득력이 있는 저자로는 프란스 드 발(Frans de Waal)을 들 수 있다. vgl. Kotrschal, K.: *Im Egoismus vereint? Tiere und Menschentiere - das neue Weltbild der Verhaltensforschung.* München 1995.

32) Burnstein, E./ Crandall, C./ Kitayama S.: 》Some Neo-Darwinian decision rules for altriosm: Weighing cues for inclusive fitness as a funtion of the biological importance of the decison.《 In: *Journal of Personality and Social Psychology*, 1994, 67, 5, S. 778.

33) Burnstein/et al., S. 783.

34) Burnstein/ et al., S. 776.

35) Burnstein/ et al., S. 773-789. Vgl. Volnd, S. 116-119. 물론 심하게 차이가 나는 일상적 이타주의의 변형들이 있다. Burnstein/et al., S. 778: '생물학적 비용과 보너스가 일상적이라면 (예를 들어 쇼핑을 도와주는 것처럼) 도움을 주는 사람은 가까운 친족 관계보다는 상대의 명망이나 자기 양심의 가책을 더는 일에 더 관심이 많다. 재난 상황에서 생사의 결정권이 달려 있을 경우에는 친족 관계에 매우 치중하여 먼 친족보다 가까운 친족을 더 우선시한다. 이 경우에는 (환경이 허락하는 한) 노인보다는 젊은 사람을, 병자보다는 건강한 사람을, 친족 관계가 먼 경우에는 가난한 사람보다는 부자를, 폐경기가 지난 여성보다는 가임 여성을 더 도와준다. 일상적인 조건에서는 양심과 교육으로 인해 중년보다는 어린아이나 노인들을, 건강한 사람보다는 병자를, 부자보다는 가난한 사람을, 남자보다는 여자를 더 많이 도와주게 된다.' 상호간 이타주의나 협력에 관한 논쟁에 끼어들 생각은 없다. 전체적인 파악을 원한다면 다음의 자료를 참고하라. Ridley, M.: *Die Biologie der Tugend. Warum es sich lohnt, gut zu sein.* München, 1997,

S. 79-211 그리고 Voland, S. 117f. 우리의 맥락에서는 그저 극한의 경우 자신의 생명까지 바칠 정도로 혈족의 이타심이 대단하다는 사실을 보여주는 것이 중요할 뿐이다.

36) Farkas, J. I./ Hogan, D. P.: 》The demography of changing intergenerational relationships.《 In: Bengtson, V.L./et al.: *Adult intergenerational relations: Effects of societal change*. New York, 1994, S. 1-19. Vgl. dazu Johnson, C.L.: 》Perspectives on American kinship in the later 1990s.《 In: *Journal of Marriage and the family*, 2000, 62, 3, S. 626.

37) Luhmann, N.: 》Sozialsystem Familie.《 In: Ders.: *Soziologische Aufklärung. 5. Konstruktivistische Perspektiven*. Opladen, 1990, S. 196-217.

누가 누구에게 책임을 씌우는가?

38) Zit. bei: Matt, P. von: *Verkommene Söhne, mißratene Töchter. Familiendesaster in der Literatur*. München, 1997, S. 127.

39) Matt, S. 127.

40) Mann, T.: *Buddenbrooks. Verfall einer Familie*. Frankfurt am Main, 1992, S. 653.

41) Matt, S. 245.

42) Zit. bei: Mount, F.: Die *autonome Familie. Plädoyer für dsa Private. Eine Geschichte des latenten Widerstandes gegen Kirche, Staat und Ideologen*. Weinheim, 1982, S. 179.

43) Mount, S. 180.

44) Bentzen, P./ Marsh, J.: 》Crows alter their thieving behavoir when dealing with kin or other birds.《 In: *EurekAlert!*, 11. März 2003.

45) Lorenz, K.: *Die acht Todsünden der zivilisierten Menschheit*. München, 1974, S. 46f.

46) Jankowiak, W./ Diderich, M.: 》Sibling solidarity in a polygamous community in the USA: unpacking inclusive fitness.《 In: *Evolution and Human Behavior*, 2000, 21, S. 125.

47) Siedler, R.: 》Familie in Deutschland und Österreich.《 In: Burgiere, A./ et al.: *Geschichte der Familie*. Bd. 4, 20. Jahrhundert. Frankurt am Main, 1998. S.

255.

48) Kafka, F.: *Nachgelassene Schriften und Fragmente II in der Fassung der Handschrift.* Hg.v. Jost Schillemeit. Frankfurt am Main, 1992, S. 200.

49) Beckett, S.: *Endspiel.* Franfurt am Main, 1974, S. 31.

50) Mommsen, T.: *Römische Geschichte.* München, 2001.

51) Matt, S. 125f.

누가 누구에게 불이익을 주는가?

52) Frank, R. H./ Gilovich, T./ Regan, D. T.: 》Does studying economics inhibit cooperation?.《 In: *Journal of Economic Perspectives,* 1999, 7, 2, S. 159-171. 2003년 4월 14일 괴팅엔 게오르크 아우구스트 대학에서 실시했던 헤르만 자우터 (Hermann Sautter)의 고별 강의 "Wie berechtigt ist die Kritik am ökonomischen Zynismus?"도 참고할 것.

53) Zit. bei: Longman, P.: *The empty cradle. How falling birthrates threaten world prosperity and what to do about it.* New York, 2004, S. 166f.

54) 이 통계 자료는 다음 사이트의 9페이지에서 확인할 수 있다.
http://www.bosch-stiftung.de/download/0205100_starke_familie.pdf.

55) Biedenkopf/et al., S. 81.

56) Biedenkopf/et al., S. 80.

누가 누구의 용기를 꺾는가?

57) Testa, M.R./ Grilli, L.: 》Lernen sie jüngeren Generationen von den älteren? Ideale *Familiengröße* in Europa: Trend zur Kleinfamilie erweist sich als längerfristig.《 In: *Demografische Forschung aus erster Hand,* 2005, 2, S.4.

58) Bertram, H.: 》Familie auf den Prüfstand.《 In Gespräch mit Christan Wildt. In: *InfoRadio* Berlin, 26. August 2005.
http://www.inforadio.de/radiotoread.do?subpage=null&command=detailview&dataid=68187

59) Chasiotis, A./Hofer, J./ Campos, D.: *When does liking childern lead to parenthood? Younger siblings, implicit prosocial power motivation, and explicit love for*

childern predict parenthood across cultures. University of Osnabrück/ University of Costa Rica, 2005. Manuskript im Druck. 자료를 주시고 여러 가지 지적을 해주신 에크하르트 폴란트에게 감사를 드린다.

60) 이 통계 자료는 다음 사이트의 9페이지에서 확인할 수 있다. http://www.bosch-stiftung.de/download/02050100_starke_familie.pdf.

61) Chasiotis/er al., Fußote 6, S. 45.

62) Bertram, H.: »Lebensverlaufe und Kinder.« In: Biedenkopf, K./Bertram, H./ Käßmann, M./ Kirchhof, P./ Niejahr, E./ Sinn, H.W./ Willenkens, F.: *Starke Familie.* Bericht der Kommission »Familie und demographischer Wandel.« Robert Bosch Stiftung. Stuttgart, 2005, S. 34-61.

63) Mueller, K.A./ Yoder, J.D.: »Stigmatization of non-normative family size status.« In: *Sex Roles,* 1999, 41, 11/12, S. 901-191.

64) Mueller/ Yoder, S. 912.

65) Mulder, M. B.: »The demographic transition: Are we any closer to an evolutionary explanation.« In: *TREE,* 1998, 13, 7, S. 268.

66) Livson, N./ Day, D.: »Adolescent personality antecedents of completed family size: A longitudinal study.« In: *Journal of Youth and Adolescence,* 1977.

67) Livson/ Day, S. 322.

68) Livson/ Day, S. 322.

69) Livson/ Day, S. 323.

70) Levitt, S.D./ Dubner, S. J.: *Freakonomics.* München, 2006, S. 163.

누가 누구랑 결혼하나?

71) Sprecher, S/ Toro-Morn, M.: »A study of men and women from different sides of earth to determine if men are from Mars and women are from Venus in their beliefs about love and romantic relationships.« In: *Sex Roles,* 2002, 46, 5/6, S. 131-147.

72) Sprecher/ Toro-Morn, S. 131-147.

73) Sprecher/ Toro-Morn, S. 131-147.

74) Wilkins, R./ Gareis, E.: »Emotion expression and the locution 'I love you':
A cross-cultural study.« In: *International Journal of Intercultural Relations*, 2006,
30, S. 51-75.

75) Lippe, H. von der/ Fuhrer, U.: »Erkundungen zum männerlichen
Kinderwunsch. Ergebnisse einer psychologischen Intervuewstudie mit
dreißigjährigen ostdeutschen Männern zur Familiengründung.« In: *Forum
Qualitative Sozialforschung* (Online Journal), 2004, 4, 3, S. 4.
http://www.qualitive-reserch.net/fqs-texte/3-03/3-03vonderlippefuhrer-
d.htm

76) Lippe, H. von der: »Vaterschafts-Wunsch und eigene Entscheidung?
Ergebnisse einer Interviewstudie mit dreißigjährigen Männern aus Rostock
zur Familiengründung.« In: *Vater werden, Vater sein, Vater bleiben:
psychosoziale, rechtliche und politische Rahmenbedingungen*. Hg. v. Heinrich-Böll-
Stiftung. Dokumentation einer Fachtagung der Heinrich-Böll Stiftung und
des »Forum Männer in Theorie und Praxis der Geschlechter-verhältnisse«
am 24. und 25. Mai 2002 in Berlin, 2002, S. 100.

77) Martin, F.O.: »Marriage Squeeze in Deutschland -aktuelle Befund auf
Grundlage der amtlichen Statistik.« In: Klein, T.(Hg.):*Partnerwahl und
Heiratsmuster. Sozialstrukturelle Voraussetzungen der Liebe*. Opladen, 2001, S.
287-313.

78) Kaufmann, F.-X.: *Schrumpfende Gesellschaft. Vom Bevölkerungsrückgang und
seinen Folgen*. Frankfurt am Main, 2005, S. 166f.

79) http://www.berlin-institut.org/10ergebnisse.pdf.

80) Zit. In: Hudson, V.M./ Boer, A. M. den: *Bare branches. The security
implications of Asia's surplus male populaion*. Cambridge, 2004, S. 195.

81) Hudson/Boer, S. 195.

82) Hudson/Boer, S. 195.

누가 누구와 노나?

83) Zit. In: Hannover, I./ Birkenstock, A.: *Familienbilder im Fernsehen.
Familienbilder und Familienthemen in fiktionalen und nicht-fiktionalen*

Fernsehsendungen. Hg. v. Adolf Grimme Institut. Marl, 2005, S. 15-17.

84) Hannover/ Birkenstock, S. 15-17.

85) Hannover/ Birkenstock, S. 38.

86) Putnam, R. D.: *Bowling alone. The collapse and revival of American community.* New York, 2000.

87) Dunbar, R.: *Klatsch und Tratsch. Wie der Mensch zur Sprache fand.* München, 2002, S. 254.

88) Kanazawa, S.: »Bowling alone with our imaginary friends.« In: *Evolution and Human Behavior,* 2002, 23, S. 161-171. Eine Replik von Freese, J.: »Imaginary friends? Television viewing and satisfaction with friendship.« In: *Evolution and Human Behavior,* 2003, 24, S. 65-69.

89) Kanazawa, S. 161-171.

90) Longman, S. 32.

91) Dunn, J.S.: *Mass Media and Individual Reproductive Behavior in Northeastern Brazil.* Paper presented at the 24th General Population Conference of the International Union for the Scientific Study of Population. Salvador, Bahia, Brasilien, 18.-24. August 2001. Vgl. Longman, S. 203.

92) Dunn, S. 20.

93) Longman, S. 32.

94) Dunn, S.20.

누가 누구에게 정보를 제공하나?

95) http://www.goethe.de/kug/prj/ein/enindex.htm

96) Willenbacher, S. 201.

97) Dunbar, S. 191.

98) Dunbar, S. 191.

99) Zit. und erkl. In: Burnstein/ et al., S. 784.

누가 누구를 짊어지고 가나?

100) 이 통계 자료는 다음 사이트의 64페이지에서 확인할 수 있다.
http://www.bosch-stiftung.de/download/02050100_starke_familie.pdf.
계산 수치는 한스 베르트람의 자료에서 따왔다. Vgl. Bertram, 2005.

101) Bertram.

102) Bertram.

103) Birg, H.: Interview. Im Gespräch mit Dr. Michael Schramm. In: *br-alpha* 17.
Oktober 2001.

http://www.br-online.de/alpha/forum/vor0110/20011017/i.shtml

104) Berkman, L. F.: »Assessing the physical health effects of social networks and
social support.« In: *Annual Review of Public health*, 1984, S. 413-43.

105) Kaufmann, F.-X.: *Die demographische Entwicklung und die künftige Rolle der
Familie - statistische und soziologische Überlegungen.* Typoskript, o.O., o.J. Vgl.
Kaufmann, F.-X./ er al.: *Partnerbeziehungen und Familienen-twicklung in
Nortrhein-Westfalen.* Schriftenreihe des Ministerpräsidenten des Landes
Nortrhein-Westfalen. Düsseldorf, 1988.

106) Banfield, E.: *The Moral Basis of a Backward Society.* New York, 1958.

107) Biedenkopf/ et al., S. 80.

누가 누구와 가족이 되는가?

108) Salmon, C. A./ Daly, M: »On the importance of kin relations to Canadian
woman and men.« In: *Ethology and Sociobiology,* 1996, 17, 5, S.292ff.
Biedenkopf/ et al., S. 80.

109) Salmon/ Daly, S. 295.

110) Jankowiak/ Diederich, S. 134.

111) Martin, L. G./ Preston S.(Hg.): *Demography of Aging.* Committee on
Population. National Research Council. Washington, 1994, S. 157.

112) Ikkink, K./ Tilburg, T. van: »Do older adults' network members continue
to provide instrumental support in unbalanced relationships?« In: *Journal of
Social and Personal Relationships,* 1998, 15, S. 59-75. Ikkink, K./ Tilburg, T.

가 족

van: »Broken ties: Reciprocity and other factors affecting the termination of older adults' relationships.« In: *Social Networks*, 1999, 21, S. 131-146.

113) Wachter, K. W.: *Kinship resources for the elderly*. Philosophical transactions of the Royal Society of London, Reihe B. London, 1997, S. 1811.

114) Neyer, F. J./ Lang, F. R.: »Blood is thicker than water: Kinship orientation across adulthood.« In: *Journal of Personality and Social Psychology,* 2003, 84, 2, S. 319.

여자들

115) Grayson, S. 153.

116) Baron-Cohen, S.: *Vom ersten Tag an anders. Das weibliche und das männliche Gehirn*. Düsseldorf/Zürich, 2004, S. 180.

117) Keverne, E./ Nevision, C.M./ Martel, F.L.: »Early learning and the social bond.« In: Carter, S.C./Lederhendler, I.I.: /Kirkpatrick, B.: *The integrative neurobiology of affiliation*. New York, 1997, S. 329-339.

118) Hrdy, S.B.: *Mutter Natur. Die weibliche Seite der Evolution*. Berlin, 2000, S. 178.

119) Vgl. Shkolnikov, V.M./ Andreev, E.M./ Houle, R./ Vaupel, J. W.: *To concentration of reproduction in cohorts of US and European woman*. Hg. v. Max-Planck-Institut für demographische Forschung. MPIDR-working paper, WP 2004-027. Rostock, 2004.
http://www.demogr.mpg.de/papers/working/wp-2004-027.pdf
저자의 말을 더 들어보자. "서독 여성은 출산율이 최고로 낮다. 이는 자녀 없는 여성의 비율이 27%나 되기 때문이다. 자녀가 한 명인 여성의 비율 역시 27%이며, 2명 이상인 여성은 상대적으로 낮은 비율이다. 서독 여성은 여성 한 명당 평균 자녀가 1.5명으로 가장 낮은 출산율을 기록하고 있다. 이 수치가 35세 여성을 대상으로 하고는 있지만, 자녀 숫자에 따른 여성의 분포 및 평균은 35세에서 40세 사이에서도 의미 있는 변화를 보이지 않았다.

120) Baron-Cohen, S. 86.

121) Rossi, A.S./ Rossi, P.H.: *On human bonding. Parent-child relations across the life course*. New York, 1990, S. 222f.

122) Rossi./ Rossi, S. 403-408.

123) Baron-Cohen, S. 11.

124) Baron-Cohen, S. 89.

125) Baron-Cohen, S. 82.

126) Denton, B./ O'Malley, P.: »Gender, trusu and business: Woman drug dealers in the illicit economy.« In: *The British Journal of Criminology*, 1999, 39, 4, S. 513-530.

127) Luckow, A./ Reifman, D./ McIntosh, N.: *Gender differences in coping: A Meta-Anaysis*. Poster session presented at the 106th Annual Convention of the American Psychological Association. San Francisco, CA., 14-18. August 1998. Vgl. Savage J./ Kanazawa S.: »Social capital and the human psyche: Why is social life 'capital'?« In: *Sociological Theory*, 2004, 22, 3, S. 504-524.

128) Lindenfors, P./ Fröberg, L./ Nunn, C.L.: *Female drive primate social evolution*. Proceedings of the Royal Society. London, 2003.

129) Savage J./ Kanazawa, S. 514.

출산

130) Lyster, W.R.: »Altered sex ratio after the London smog of 1952 and the Brisbane flood of 1965.« In: *Journal of Obstetrics and Gynaecology of the British Commonwealth*, 1974, 81, S. 626-631. Vgl. Fukuda, M./ Fukuda, K./ Shimizu, T./ Yomura, W./ Shimizu, S.: »Kobe earthquake and reduced sperm motility.« In: *Human Reproduction*, 1996, 11, S. 1244-1246.

131) Catalano, R.A.: »Sex ratios in the two Germanies: A test of the economic stress hypothesis.« In: *Human Reproduction*, 2003, 18, 9, S. 1971-1995.

132) Catalano, R.A./ Bruckner, T./ Anderson, E./ Gould J. B.: »Fetal death sex ratios: a test of the economic stress hypothesis.« In: *International Journal of Epidemiology*, 2005, 34, S. 944-948.

딸들

133) Brandt, B./ Grone, C./ Frevert, U.: *Deutschlands Söhne und Töchter, Geschlecht und Nation im Deutschland des 19. Jahrhunderts*. Forschung an der Universität Bielefeld 20, 1999.

134) Brockmann, H.: *Girls preferred? Changing patterns of gender preferences in the two German states*. Hg. v. Max-Planck-Institut für demographische Forschung. MPIDR-working paper, WP 1999-010. Rostock, 1999.
http://www.demogra.mpg.de/Papers/Working/Wp-1999-010.pdf

135) Hrdy, 2000, S. 391.

136) 트라이버스–윌라드 가설에 관한 광범위한 자료에 대해서는 Voland, 2000와 Hrdy. 2000, S. 382-195를 참조할 것.

137) Lundberg S. Rose, E.: ≫The effects of sons and daughters on men's labor supply and wages.≪ In: *The Review of Economics and Statistics*, 2002, 84, 2, S. 251-168.

138) Choi, H.J/ Joesch, J.M./ Lunsberg, S.: *Work and family: Marriage, childern, child gender and the work hours and earnings of West German men*. Hg. v. Forschungsinstitut zur Zukunft der Arbeit. IZA DEF 1761. Bonn, 2005.
http://www.diw.de/english/sop/soeppub/dokumente/diskussionspapiere/iza/

139) Vgl. VanWey, L.K.: ≫Altruistic and contractual remittances between male and female migrants and households in rural Thailand.≪ In: *Demography*, 2004, 41, 4, S. 739-756.

140) Fukuyama, F.: ≫Woman and the evolution of world politics.≪ In: *Foreign Affairs*, September/Oktober 1998, S. 31f.

141) 특정 위기 상황에서 여아 선호가 낳은 광범위한 사회적 결과에 대해서는 Kanazawa, S./ Vandermassen, G.: ≫Engineers have more sons, nurses have more dauthters. An evolutionary psychological extension of Baron-Cohen's extreme male brain theory of autism and tis empirical implications.≪ In: *Journal of Theoretical Biology*, 2005, 233, S. 589-599.

142) Wolfensohn, J.D.: *Woman and the transformation of the 21st century. Address to the fourth UN conference on woman*. Beijing, 15. September 1995.

143) Pinker, S.: *Das unbeschriebene Blatt. Die moderne Leugnung der menschlichen Natur.* Berlin, 2003, S. 492.

할머니들

144) Vgl. Voland, E./ Chasiotis, A./ Schievenhövel, W.: *Grandmotherhood. The evolutionary significance of the second half of female life.* London, 2005, S. 7.

145) Vgl. Voland/ er al., 서문.

146) Voland/ er al., S.1.

147) Voland/ er al., S.160-194.

148) Hrdy, S. B.: 》Cooperative breeders with an ace in the hole.《 In: Voland/et al., S. 296.

149) Hrdy, 2000, S. 318-333.

150) Schölmerich, A./ Leyendecker, B./ Citlak, B./ Miller, A./ Harwood, R.: 》Variability of grandmothers' roles.《In: Voland/et al., S. 277- 292.

151) Hrdy, 2005, S. 308.

152) Fukuyama, S. 31f.

153) Fukuyama, S. 38.

유산 공동체

154) Klinenberg, E.: *Heat Wave: A social autopsy of disaster in Chicago.* Chicago, 2002.

155) Henry-Hutmacher, C./ Hoffmann, E.: *Familienreport* 2005. Konrad Adenauer Stiftung. Sankt Augustin, 2005, S. 24.

156) Braverman, H./ Sweezy, P./ Bellamy Forster, J.: 》Labor and monopoly capital.《 In: *Monthly Review Press,* 1974, S. 248.

가족
부활이냐 몰락이냐

초판 1쇄 인쇄 2006년 9월 15일
초판 1쇄 발행 2006년 9월 27일

지은이 | 프랑크 쉬르마허
옮긴이 | 장혜경
펴낸이 | 한 순 이희섭
펴낸곳 | 나무생각
편집 1팀 | 정지현 **편집 2팀** | 김현정
디자인 | 노은주 임덕란
마케팅 | 나성원 김선호
경영지원 | 손재형 김선영

출판등록 | 1998년 4월 14일 제13-529호
주소 | 서울특별시 마포구 서교동 475-39 1F
전화 | 334-3339, 3308, 3361
팩스 | 334-3318
이메일 | tree3339@hanmail.net namu@namubook.co.kr
홈페이지 | www.namubook.co.kr

ISBN 89-5937-119-X 03330